人口から読む日本の歴史

鬼頭　宏

講談社学術文庫

原本まえがき

　歴史人口学という若い学問がある。なんとなくいかめしく聞き慣れない名かもしれないが、要するに過去の人口について研究する学問である。この、歴史人口学の立場から日本人の生活の歴史をふりかえってみるとどうだろうか。その試みとして本書は書かれた。人口の語る日本の歴史である。

　私が人口史研究に足を踏み入れることになったのは、十年以上前のあるひとつの史料との出会いによってであった。それは全くの偶然だった。日本橋の丸善へぶらりと出かけていった時のことである。島崎藤村に関する展覧会をのぞこうと会場に近づいてみると、入口のガラス戸棚にぶあつい立派な宗門改帳《しゅうもんあらためちょう》が飾ってあるではないか。しかも説明には、百年間以上にわたって残されている、とある。もうすっかり『夜明け前』も藤村もなくなってしまった。

　この史料が本書でたびたび言及する、木曾馬籠宿の隣村、湯舟沢村の宗門改帳である。さっそく会場で、『夜明け前』に関する評論の出版記念サイン会をなさっていた北小路健氏にお願いして、史料所蔵者の島崎千尋氏へ紹介していただく約束までとりつけてしまった。その時の興奮ぶりは尋常ではなかったようで、その足で指導教授である慶應義塾大学の速水融教授のもとへ報告に行ったのだが、このときのことを、その後もしばらくからかわれた覚えがある。

私が学部・大学院で速水さんについて勉強していた頃、速水さんは、のちに日本経済新聞社の経済図書文化賞特別賞を授与されることになった、信州諏訪郡の宗門改帳の分析を進めていた。私も史料の整理を手伝ったり、史料採訪に同行したりしていたので、もともと下地はあったにちがいない。しかしなんといっても史料を「発見」した時のあの気持の昂りこそ、人口史研究を決意させた原動力であった。

この十五年ほどのあいだに、速水さんをはじめ各分野の研究者によって、日本の歴史人口学は大きく前進した。しかし、過去の人口についてわかったことが増えたぶんだけ、またわからないことも生まれた。砂漠の蜃気楼のように、真実は遠くへ逃げてしまうかのようである。私自身、一集落のこまごました統計づくりに熱中していると、ともすると全体像との関係を見失いそうになる。そんな不安もあったので、「二十一世紀図書館」へのお誘いを機に、不完全ではあっても日本人口の歴史像を描いてみたいと思った。たくさんの観察事実をいくつもの仮説の糸で繋ぎ合せたパッチ・ワーク、というのが本書のいつわらざる姿である。

目次

人口から読む日本の歴史

序章　歴史人口学の眼

歴史人口学

日本列島に人間が住みついたのは六十万年以上前の洪積世の頃であった。日本人の祖先は、氷期に列島と大陸を繋いでいた陸橋を渡り、あるいは潮流に乗って南の海を島伝いにやってきた。その後東南アジアにあった陸塊、スンダランドに起源をもつ原アジア人がいくつもの流れを作って北上し、その一派が縄文人になったという。それから数万年を経たいま、人口は一億三〇〇〇万人に迫ろうとしている。しかし間もなく減少に転じ、二十一世紀の日本は人口減少の時代になることが確実になった。この長い時間の中で、人口増加はいつも順調だったわけではない。数世紀にわたって人口が増加しつづけた時代がある一方、人口停滞ないし減少の世紀もあった。時代によって変化したのは人口規模だけではない。人口分布と人口構造も大きな変動を繰り返した。私は本書の中で、日本の人口がいったいどのように変化してきたのか、その歴史をたどってみようと思う。

一万年前の遠い過去から二十一世紀へのタイム・トラベルを水先案内するのは「歴史人口学」である。歴史人口学（historical demography）は、近代的センサス（人口調査）成立以前の、過去の人口現象を研究する学問である。人口学という語のもとになったdemographyは、かつて「民勢学」と訳されたことがある。それを文字どおりに解釈すれば「民衆に関する記述」だから、これはまことに当を得た訳語であった。すなわち歴史人口学の内容は、単に人間のあたま数（population）を推計したり、出生や死亡を数えあげたりすることにとどまらない。過去の人々が何歳で結婚し、何人の子を生み育て、どこからどこへ移動したのかというような、人々がその一生に経験するあらゆる人口学的行動が研究対象にされる。民衆の生きざま、死にざまを解き明かすこと、それが歴史人口学の仕事である。

本書のねらい

日本人口の歴史に関して、私たちはすでに、本庄栄治郎、高橋梵仙、関山直太郎、アイリーン・B・トイバー（I. B. Tauber）、さらに日本の歴史人口学をつねにリードしてきた速水融ら先学による多くの業績をもっている。それなのに、あえて小著を書くことになにか意味があるのだろうか。これまでの日本人口史になにか新しいことをつけ加えることができるとしたら、次のような点に著者の役割があると思われる。

まず、一九六〇年代以降、人口史研究は著しく発展して、歴史人口学という独立した研究領域が成立するほどになったことがあげられる。遺跡分布や人骨などの考古学的資料、過去帳・宗門改帳《しゅうもんあらためちょう》などの文書資料の組織的利用が進み、その分析にも新しい方法が導入された。その結果、歴史人口に関する知識が深められ、量的にも飛躍的に増加した。それだけではなく、日本の歴史、特に江戸時代の歴史像を書き改める必要さえ生じてきた。本書では、このような最近の人口史研究の成果をできる限り取りこんで、長期的な視点に立って人口から見た日本の歴史を再構成しようと試みた。

次に、本書は人口の文明史として書かれた。今までの日本人口史は、ほとんどが政治史的時代区分に従って叙述されている。このために、ともすると人口を政治経済の従属変数か、せいぜい独立変数としてとらえることになってしまう。それでは人口とそれを取りまく諸要因の関係を正しくとらえたことにはならないだろう。そこで本書では、人口の動態に即して時代区分を設定してみた。人口変化の軌跡は歴史の年輪である。それが描く曲線や刻印された傷跡に、人口と文明、あるいは人口と環境との相互関係の歴史を読みとろうというのが本書のねらいである。

（単位：千人）

畿　内	畿内周辺	山　陰	山　陽	四　国	北九州	南九州	沖　縄	合　計
0.1	0.2	0.1	0.3	0.2	0.8	1.1	——	20.1
0.4	1.3	0.5	0.9	0.4	1.4	4.2	——	105.5
0.4	2.3	0.5	0.7	0.2	1.4	3.9	——	261.3
1.1	3.1	0.9	1.7	2.7	2.4	7.7	——	160.3
0.8	1.2	1.1	1.0	0.5	3.0	3.3	——	75.8
30.2	70.3	17.7	48.9	30.1	40.5	64.6	——	594.9
457.3	503.0	350.4	439.3	275.7	340.5	218.6	——	4512.2
583.6	596.3	456.2	541.0	335.0	422.3	275.2	——	5506.2
520.9	715.1	313.9	460.6	304.6	485.4	296.5	——	6441.4
499.8	750.6	330.6	470.6	320.3	483.1	304.4	——	6836.9
2284.6	1397.5	412.1	815.2	625.0	797.5	468.6	——	12273.0
2699.8	3380.2	1174.1	2428.8	1838.6	2385.1	1304.7	——	31278.5
2567.4	3200.1	1236.3	2445.1	1874.7	2392.5	1405.9	——	31010.8
2604.1	3294.9	1270.6	2488.0	1929.0	2434.1	1422.2	——	31282.5
2449.6	3213.9	1304.8	2567.9	1993.8	2382.4	1489.1	——	30103.8
2432.8	3135.8	1305.0	2557.7	1989.4	2398.6	1490.3	——	29869.7
2458.6	3124.3	1375.7	2657.5	2043.1	2390.8	1493.8	——	30565.2
2420.8	3119.1	1391.0	2668.2	2112.6	2453.9	1505.7	——	30746.4
2479.2	3246.1	1475.1	2822.1	2235.9	2455.6	1584.0	——	31913.5
2519.6	3264.5	1502.6	2910.3	2276.3	2501.9	1604.8	——	32625.8
2492.7	3217.2	1532.2	2957.5	2319.4	2531.1	1608.6	——	32476.7
2322.4	3121.5	1385.7	2800.9	2260.2	2483.1	1594.5	——	31102.1
2398.5	3206.6	1450.7	2920.6	2331.8	2548.4	1613.3	——	32297.2
2036.8	3024.9	1338.5	2911.1	2459.2	2857.1	2139.9	166.8	33300.7
2219.7	3225.6	1403.2	3093.2	2620.2	3010.3	2254.8	354.4	35957.7
2714.7	3487.2	1487.1	3329.1	2868.8	3388.8	2483.5	410.1	41308.6
2362.2	3449.1	1037.3	3093.2	2620.2	3010.3	2254.8	354.4	35958.1
2769.4	3816.9	1102.8	3329.1	2868.8	3388.8	2483.5	410.1	41310.3
3242.3	4174.8	1148.0	3655.6	3013.2	3896.1	2716.0	465.8	46540.6
4439.5	4772.6	1169.4	3800.6	3065.7	4858.4	3299.9	571.6	55963.1
6453.8	6614.4	1512.8	5284.0	4220.3	7373.8	4723.1	698.8	83898.4
11781.3	8675.8	1350.2	6015.8	4040.1	7892.9	4524.3	1042.6	111939.6
12857.8	9610.7	1386.3	6388.0	4182.8	8593.9	4829.8	1273.4	125570.2
11298.0	10098.0	1184.0	5860.0	3631.0	8224.0	4392.0	1457.0	120913.0
——	——	——	——	——	——	——	——	100496.0
——	——	——	——	——	——	——	——	67336.0

南関東：安房・上総・下総・武蔵・相模（千葉・埼玉・東京・神奈川）
北陸：佐渡・越後・越中・能登・加賀・越前・若狭（新潟・富山・石川・福井）
東山：甲斐・信濃・飛驒（山梨・長野）
東海：伊豆・駿河・遠江・三河・尾張・美濃（静岡・愛知・岐阜）
畿内：大和・山城・摂津・河内・和泉（京都・大阪・奈良）
畿内周辺：近江・伊賀・伊勢・志摩・紀伊・淡路・播磨（滋賀・三重・和歌山・兵庫）
山陰：丹後・但馬・因幡・伯耆・隠岐・出雲・石見（島根・鳥取）
山陽：美作・備前・備中・備後・安芸・周防・長門（岡山・広島・山口）
四国：阿波・讃岐・伊予・土佐（徳島・香川・愛媛・高知）
北九州：筑前・筑後・肥前・壱岐・対馬・豊前・豊後（福岡・佐賀・長崎・大分）
南九州：肥後・日向・大隅・薩摩（熊本・宮崎・鹿児島）　沖縄：琉球（沖縄）

表1　日本列島の地域人口：縄文早期〜2100年

時　代	年	北海道	東奥羽	西奥羽	北関東	南関東	北　陸	東　山	東　海
［国　別］									
縄文早期	8100B.P.	——	1.7	0.3	2.5	7.2	0.4	3.1	2.1
縄文前期	5200B.P.	——	14.3	4.9	12.6	30.2	4.2	25.5	4.8
縄文中期	4300B.P.	——	32.4	14.3	23.9	71.5	24.6	72.3	12.8
縄文後期	3300B.P.	——	36.1	7.7	16.8	34.8	15.7	22.2	7.4
縄文晩期	2900B.P.	——	27.5	12.0	3.9	3.8	5.1	6.2	6.4
弥生時代	1800B.P.	——	28.7	4.7	39.3	59.7	20.7	85.1	54.4
奈良時代	725	——	206.5	78.0	356.9	422.8	252.6	121.9	488.7
平安初期	800	——	186.0	80.3	451.4	519.5	461.4	184.3	413.9
平安前期	900	——	372.9	189.3	733.6	728.1	536.4	360.9	423.2
平安末期	1150	——	326.8	280.1	710.1	892.1	708.6	325.7	434.0
慶長5年	1600	7.1	734.4	338.5	714.3	1304.6	864.2	428.1	1081.3
享保6年	1721	18.7	2355.4	1053.2	2210.3	3938.1	2586.8	1262.6	2642.2
寛延3年	1750	26.2	2203.4	1015.5	2143.0	3913.8	2592.6	1284.2	2710.1
宝暦6年	1756	27.2	2167.4	1006.1	2106.4	3865.9	2655.5	1319.1	2691.8
天明6年	1786	31.6	1876.5	965.9	1766.6	3484.2	2530.1	1328.6	2718.8
寛政4年	1792	32.9	1881.9	980.1	1696.6	3464.9	2628.0	1290.1	2585.8
寛政10年	1798	34.5	1906.9	1023.6	1704.2	3516.4	2723.3	1358.1	2754.7
文化元年	1804	54.5	1923.5	1044.2	1664.4	3490.5	2769.3	1353.4	2775.3
文政5年	1822	74.3	1980.8	1091.1	1617.1	3474.3	3013.7	1391.4	2973.0
文政11年	1828	78.0	2016.1	1135.1	1603.3	3609.4	3117.9	1536.0	2950.1
天保5年	1834	81.4	2028.6	1129.1	1501.7	3502.8	3169.0	1464.4	2940.9
天保11年	1840	77.2	1807.4	999.2	1552.2	3605.1	2881.4	1390.1	2821.2
弘化3年	1846	85.1	1929.5	1094.9	1594.2	3731.9	3041.4	1429.6	2920.9
明治6年	1873	123.7	2306.0	1197.9	1664.7	3555.7	3309.3	1386.7	2822.4
明治13年	1880	163.5	2505.4	1276.2	1888.8	3931.5	3476.8	1506.2	3028.0
明治23年	1890	421.7	2981.8	1424.7	2276.1	5019.9	3860.1	1746.0	3409.2
［府県別］									
明治13年	1880	163.5	2478.2	1303.4	2078.6	3763.1	3476.8	1399.6	3113.5
明治23年	1890	421.7	2947.6	1458.9	2490.7	4830.5	3860.1	1626.6	3505.0
明治33年	1900	949.3	3463.9	1640.6	2890.6	5629.0	3906.2	1816.8	3932.3
大正9年	1920	2359.2	3926.6	1867.4	3449.5	7678.5	3847.4	2146.2	4710.6
昭和25年	1950	4295.6	6355.4	2666.3	5191.3	13050.6	5179.5	2872.2	7406.6
昭和50年	1975	5338.2	6780.1	2452.8	5796.7	27041.7	5306.2	2800.7	11100.4
平成7年	1995	5692.3	7363.5	2470.7	6943.4	32576.6	5618.6	3076.0	12706.3
	2025	5109.0	7058.0	2053.0	7319.0	32447.0	5146.0	3161.0	12474.0
	2050	——	——	——	——	——	——	——	——
	2100	——	——	——	——	——	——	——	——

(注)　1）資料：1846年まで：鬼頭宏「明治以前日本の地域人口」『上智経済論集』第41巻1・2号(1996：表1)
1873〜1890年：梅村又次他『地域経済統計（長期経済統計13)』東洋経済新報社(1983：表20・21)
1920〜1995年：『国勢調査報告』
2025〜2100年：国立社会保障・人口問題研究所推計（平成9年中位推計）
2）原表の弥生時代を1800B.P.に変更し、沖縄人口の誤記を修正した。
3）明治13、23年の国別人口と府県別人口の合計は一致しないが、修正していない。
4）16地域の国別（府県別）構成は次のとおり。
北海道：蝦夷（北海道・1890年までは千島、樺太を含む）
東奥羽：陸奥（青森・岩手・宮城・福島）　西奥羽：出羽（秋田・山形）
北関東：常陸・上野・下野（茨城・栃木・群馬）

四つの波

世界人口と文明の関連を洞察した経済史家チポラ（C. M. Cipolla）は、人類は過去一万年間に二つの大きな経済的革命を経験した、と述べている（『経済発展と世界人口』）。農業革命と産業革命である。農業革命は食糧生産と家畜の利用を内容とし、産業革命は化石燃料を中心とする非生物的エネルギー資源の多用に特徴がある。いずれの革命も、食糧、光熱、動力などのさまざまな形態で人間の利用できるエネルギー量を飛躍的に拡大させ、大きな人口増加を可能にした。二つの革命は人間社会を、原始社会、農業社会、そして産業（工業化）社会に分けたが、人間の依存するエネルギー源の性質によって人口学的特徴にも明瞭な相違が生じることになった。

チポラが世界人口について指摘した文明と人口の関係は日本でも見ることができる。縄文時代から二十一世紀に至る日本人口の推移を、何人かの研究者による推計に基づいて表1にまとめてみた。

推計人口は、それぞれ信頼度も異なり、年度間の開きもまちまちではあるが、過去一万年に四つの波のあったことを認めることができる。第一は縄文時代の人口循環、第二は弥生時代に始まる波、第三は十四・十五世紀に始まる波、そして最後は十九世紀に始まり現代まで続く循環である。

図1　日本人口の趨勢：縄文早期〜2100年

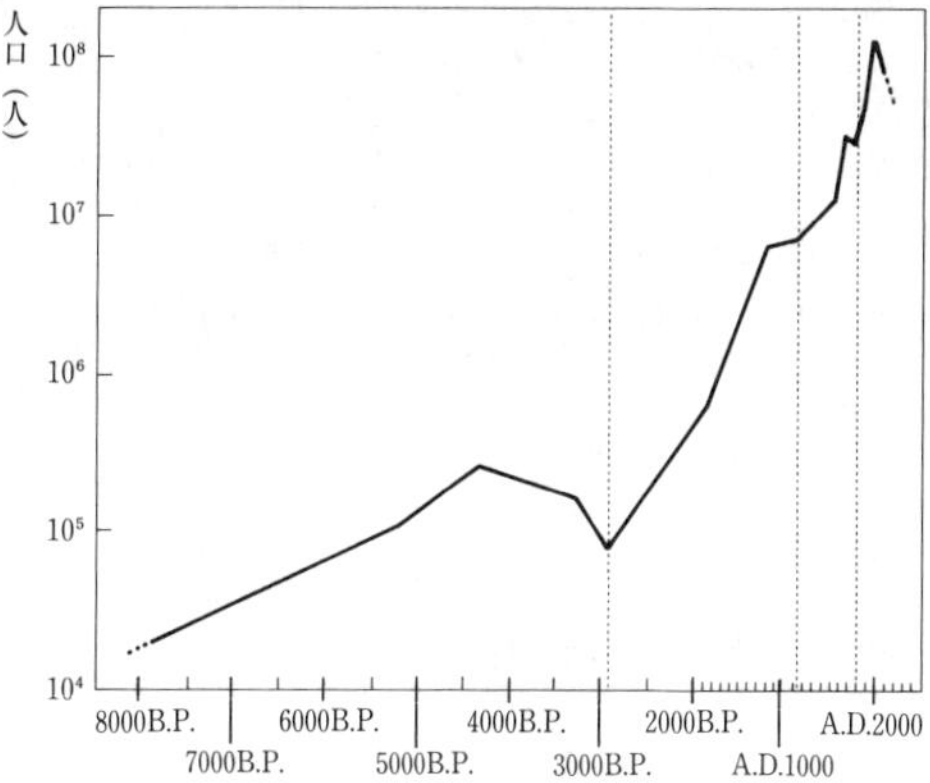

そのうち弥生時代から十世紀以降にかけて見られる大きい波が、稲作農耕とその普及による人口増加であり、十九世紀に始まるもう一つの高まりが、工業化に支えられた人口成長である。

農業社会そして産業社会を分けるこの二つの革命のほかに、日本人口の歴史にはあと二つの変化が認められる。それは四千〜五千年前の縄文中期にかけての高まりと、十六・十七世紀の急速な人口増加である。前者は狩猟・採集・漁撈《ぎょろう》に依存する原始社会の中での人口変化であるが、旧石器文化に代わる縄文文化の発展と気候変動が結びついてひき起こしたものであった。後者は農業社会の中で生じた経済システムの変化——市場経済化に伴う変化である。

人口増加の法則

このように、日本の人口は四つの循環を積み重ねるように増加してきたことが確かめられるのだが、そのメカニズムはどのようなものだったのだろうか。また、なぜいったん生じた人口増加はいつまでも持続することなく、やがて衰えて停滞的になったのだろうか。少しばかり寄り道をして、人口増加の法則について話をしておきたい。

生物が生きていくためには一定の食糧と空間が必要である。それでは一定量の食糧と空間が与えられているときに、生物個体数はどのようなぐあいに増殖していくのだろうか。アメリカの生物統計学者であったパール（Pearl）とリード（Reed）はこのような疑問を抱き、実験を試みた。パールらは牛乳瓶に一つがいのキイロショウジョウバエを十分な餌とともに入れて、日数の経過につれ個体数がどのように増えるかを調べたのである。何通りもの条件を設定して実験した結果、いずれの場合にもショウジョウバエは無限に増殖することはなかった。初めはゆっくりと、そして次第に増加速度を高めたのち、ある水準に近づくに従って再び増加率は落ち、ほぼ一定数を保つことが認められた。

一九二〇年に発見されたS字形の増加曲線は、ロジスティック曲線と名づけられた。これは一世紀以前にすでに発表されて以来、長い間忘れられていた法則だったが、パールらによる再発見以後、この曲線はたいていの生物にあてはまることが確かめられた。人間もまた例外ではない。

ただし人間は、環境に対して技術によって働きかけ、あるいは行動様式を変更して文化的な適応を容易になしうるから、環境のもつ人口支持力は固定的ではない。技術や制度のエポック的革新が社会の人口支持力を拡大して余裕が生じると、人口を増加させる機構が働きはじめる。そして、新しい上限に近づくと、抑制機構が働き人口は停滞する、という運動が繰り返しひき起こされる。したがって長期的に見ると、人口はいくつものロジスティック曲線を積み上げるようにして、波を描きながら成長することになるのである。

大陸の縁辺に位置して、大規模な人口流出を無視できる日本列島は、そのような人口増加の歴史を見るうえで、まさに格好の実験室であったと言ってよい。

本書の構成

まず第一～三章では、十九世紀までの三つの人口循環について、自然、社会、経済、技術との関連を明らかにしようとした。次に第四章以下三つの章では、近年の歴史人口学の貢献が最も著しい江戸時代に関して、前工業化社会の人口学的世界像を再構成しようと試みた。最後の二章は現代の人口循環にあてられている。第七章では江戸時代と比較しながら、その特徴を浮き彫りにしようとした。そして終章では、歴史人口学が語る過去の経験から、二十一世紀の人口減少社会をどのように迎えたらよいのか、私見を述べている

本書の全体を通して私が主張したいことは、どのような文明に支えられた人口成長にも初めと終わりがある、ということである。歴史的に見て大きな人口増加のあった時代は、一つの文明から他の新しい文明への過渡期であった。生産力の発展によってもたらされた社会の人口支持力の上昇が人口を増加させたのである。やがてもたらされる人口学的均衡の達成は人口停滞に結びついたが、新しい均衡水準における生活水準は、少なくとも日本の社会では、それ以前より引き上げられたと信ずべき証拠がある。ある時代の物質文明に固有の人口学的特徴が、どのように組み合わさって人口再生産のシステムが形成されていたのかを理解することは、近代の工業化にともなう人口循環が終熄して新しい均衡水準が達成されようとしているいまこそ、重要なのではあるまいか。

第一章　縄文サイクル

1　縄文時代の人口変化

縄文以前

今から一万年前まで続いた洪積世は、寒冷な氷期と比較的温暖な間氷期が何度も繰り返し訪れた氷河の時代だった。日本列島に人類が住みついたのはその時代の、少なくとも六十万年以上前のことであったとされる。日本人の祖先になる旧石器時代人は、当時陸続きか、もしくは狭い海峡で隔てられていたにすぎない大陸から、動物とともに渡ってきた。その存在を証明する人骨の発見場所にちなんで、葛生《くずう》人（栃木県）、牛川《うしかわ》人（愛知県）、三ケ日《みつかび》人（静岡県）、聖岳《ひじりだけ》洞穴人（大分県）などと呼ばれる人々がそれである。

日本列島における旧石器文化（先土器文化）の存在は、戦後群馬県岩宿《いわじゅく》のローム層の中から土器を伴わない剝片石器が発見されたことによって、疑いえないものになった。その後精力的に発掘が行なわれた結果、今では旧石器時代の遺物や遺跡は、日本列島全土に分布していることが明らかになった。しかし日本の土壌の性質上、人骨が残りにくいことなどから、旧石器時代の人々がどれくらいの規模で分布し、どのように居住していたのかという点になると、まだ想像の域を出ない。

人骨と同時代のものと推定される石器や住居跡の立地などから判断して、現在よりも年平均気温で八度も低い、寒冷かつ乾燥した気候に適応し、狩猟と採集を基盤とする生活だったこと、石器の形式から東西日本には文化的な差異が存在したことなどが推測されている。

縄文時代の人口

洪積世が終わり気候が温暖化するとともに、日本列島には土器を持った新石器文化の縄文時代人が登場する。日本列島の住人の生活を、さまざまな遺物からはっきりと再現できるようになるのは、およそ一万年前のこのころからのことである。

紀元前三世紀頃まで続く縄文文化の時代に、日本列島の人口はどれくらいあったのだろうか。考古学者の山内清男は、北海道を含む全人口を一五万ないし二五万人とした。そしてその分布について「西南に薄く、九州から畿内にかけてが三万から五万、東北部は人口一様に多く、中部、関東、東北、北海道はそれぞれ三万から五万とみておけば、大した間違いはないと思われる」と推測している（『日本原始美術1　縄文式土器』）。

この数値の根拠は、日本列島の縄文式文化圏の面積が北アメリカのカリフォルニアの面積に近似していること、そしてそこには、白人進入の初期に一五万〜二五万人ぐらいの先住民が暮らしていたとするアメリカ人学者の推計にある。このような比較が、気候や地理的条件を異にする地域のあいだで可能なものか否かは別にしても、つい最近まではこの程度の漠然としたことしかわからなかったのである。

それでも何千年にもわたって続いた縄文時代の人口は決して固定的ではなく、それが千年紀を単位にして大きく変動していたことは、遺跡の数やその規模の変化からすでに予想されていた。

しかし「遺跡の数から人口を数えるのは正気の沙汰ではない」（山内、前掲書）という雰囲気が支配的な中で、遺跡数を根拠に縄文時代人口の推計を企てることには慎重だったように思われる。ところがこの考え方に勇気ある挑戦を試みた研究者があった。小山修三がその人である。

小山推計

小山は、縄文遺跡の分布を統計的に吟味して時期別、地域別に人口を推計し、縄文中期の人口（北海道・沖縄を除く）を二六万人と結論した（"Jomon Subsistence and Population", *Senri Ethnological Studies*, 2. のちに『縄文時代――コンピュータ考古学による復元』）。一九七八年に発表された小山推計は、先史時代の人口と環境・文化の関係を考えるうえで重要な意義をもつものと考えられるので、少々煩雑かもしれないがその推計方法について紹介しておこう。推計の基礎と手順は、次のとおりである。

①遺跡数　時代別、地域別に遺跡数の分布を調べる。基礎資料として文化財保護委員会が一九六五年にまとめた『全国遺跡地図』（全四七巻）が利用された。人口推計の対象とされたのは草創期と晩期を除く縄文早期〜後期の五期と、弥生、土師《はじ》器の各時代である。地域は北海道、沖縄を除く、本土の九地域である（東北・関東・北陸・中部・東海・近畿・中国・四国・九州）。

②基礎人口　推計の基礎になる人口を土師器文化期（三〜十二世紀）の中ほどにあ

たる八世紀に求める。選ばれたのは、沢田吾一が出挙稲《すいことう》をもとに推計した奈良時代の左右京を除く良民人口（全国で約五四〇万人）である。この推計については次章で説明する。

③集落規模　詳しい数量的データの得られる東京および関東地方の遺跡から各時代の集落規模（人口）を推定し、土師器文化期を1として比例定数を決定する。縄文早期は土師器時代の二〇分の一、縄文前期〜後期は七分の一、弥生時代は三分の一とされた。

④八世紀の集落人口　関東地方の土師器時代の集落あたり人口を八世紀人口に対応させて計算する（943,000人÷5,549＝170人）。

⑤関東地方の人口　関東地方の縄文中期人口を次のようにして求める。

土師器時代の集落あたり人口④×比例定数③×縄文中期遺跡数①

＝170人×1/7×3,977＝96,600人。

⑥時代別・地域別人口　右のようにして得た関東地方の人口を基準にして、各地方と関東地方の遺跡数の比率から、時代別・地域別人口を計算する。

このようにして小山が推計した地域人口とその合計が表1（16〜17ページ）に示さ

れている。ただし小山の原推計は北海道、沖縄を除く四十五都府県を九地域にまとめて人口を示しているが、本書では奈良時代以降の地域区分（国別、十四地域）に合わせるために改編した。地域区分の再編成は、小山の掲げる時代別・都府県別遺跡数をもとに地域人口を按分する方法によった（鬼頭宏「明治以前日本の地域人口」『上智経済論集』四一巻一・二号）。これによると縄文時代の全国（内地）人口は、早期のわずか二・〇万人から中期の最盛期（二六・一万人）にかけて順調に増加したが、中期を過ぎると反転して急激に落ち込んだ。後期（一六・〇万人）、晩期（七・六万人）への人口の減少は著しいものであった。その後、弥生文化の隆盛とともに日本人口は回復するが、これは次章の話題である。

人口は東高西低型

人口の地域差はひじょうに大きく、三つの異なったパターンを示している。第一は関東（北・南）、中部（北陸・東山・東海）のグループである。ここは縄文中期に、ほかの地域とくらべるとかなり高い人口密度をもち、縄文人の主要な生活舞台となっていた。南関東ではとくに高く、縄文中期の人口密度は一平方キロメートルあたり五人を超えたと推定される。しかし後期の人口減少は最も大きく、弥生時代への転換に際して、人口学的な激変があったことをうかがわせる。

第二は近畿、中国、四国、九州の西日本が構成するグループである。西日本の人口密度は縄文時代には一貫して低かったが、中期から後期にかけて減少した地域はない。晩期には北九州と山陰以外で減少したが、東日本と比べれば安定的だった。弥生時代にはいってからめざましく人口が増加する地域である。

第三のグループは東北の二地域が構成する。中期にかけて人口が増加したのち、晩期にわずかな減少があっただけで、縄文後半から弥生時代への変化は穏やかなものであった。

このように縄文時代の地域人口は相当異なったパターンを呈するにもかかわらず、圧倒的多数の人口が東日本に分布していたために、東日本、とりわけ関東・東山・北陸地域地方の特徴が全体の色調を決定していたのである。縄文中期をとってみると、東日本七地域の人口は二五・二万人と総人口のなんと九六%をも占めていた。これに対して、西日本七地域ではわずかに九五〇〇人でしかなかった。東日本の人口は、激減した晩期でさえも八六%を占めているのである。

もっとも東日本と西日本のあいだにみられる人口分布の著しい差異は、実際にはそれほど大きなものではなかったかもしれない。地形の違いが集落立地に東西の差をもたらし、その結果、西日本における遺跡の発見率を低くしている可能性がある、との指摘があるからである。しかし、そのような点を考慮してもなおかつ、縄文時代の人口密度が東高西低だったことは否定できないだろう。この傾向は、弥生時代に始まる次の人口循環において西日本人口の優位性が急速に高まっていくのとは、鮮やかな対照となっている。

それでは、右に見てきた縄文時代の人口変動はどのようにしてひき起こされ、このような地域分布がもたらされたのだろうか。これらの点を理解するためには、縄文時代人の物的生活基盤とそれを取り巻く自然環境について知っておく必要がある。

2　生活と環境の変化

食糧資源

縄文時代の人々が必要とするほとんどのエネルギーは、生物的資源に求められた。動・植物が食糧として利用されたのはもちろんのこと、光や熱源、力学的エネルギー源もそれぞれ薪、樹脂・獣脂、人間自身の筋力であり、風や流水などの自然力の利用はごく限られていた。イヌを除いて、役畜や食料にするための家畜が出現するのはずっと後のことである。そしてこれらのエネルギー資源は、縄文時代の大部分の間、採集・狩猟・漁撈《ぎょろう》活動によって、自然が与えてくれる恵みをもぎ取るようにして利用された。このような生活様式のもとで、日常生活の状態が自然の意のままに動かされていたことは想像に難くない。

縄文時代の遺跡から出土する動物の種類は数多い。これまでに五百種を超える動物種が利用されていたことが認められている。他方、案に相違して植物種は少なく、相当精査された場合でも五十種以上の植物が利用されたことが明らかにされたにすぎない。しかしこれは、動物遺体が数千年以上を経た今日までも残りやすいのに対して、植物遺体が腐食分解しやすいためであって、実際に食用に供された植物がこの程度であったことを意味するものではない。遺物として残存しにくいイモ類、茎・葉を利用する野生植物の存在を考慮すると、実際の食品リストははるかに豊かな内容をもっていたと考えられる。

もっとも千種類には達すると思われる動植物のすべてが、同時に利用されたわけではない。その組み合わせは地域や時代によって異なっていただろうから、ある一つの縄文人社会（集落）で実際に利用された生物の種類は、ずっと限定されていたと考えられる。また食用としての重要性も、種によっておのずから異なっていたにちがいない。

明治初期の飛騨

縄文時代の食品構成を完全に復元することは困難ではあるが、最近、二つの異なった接近方法が試みられている。一つはつなぎの資料として工業化される直前の時期の野生食糧資源の構成を調べる方法、もう一つは遺跡からの出土物を直接、定量的に分析する方法である。

第一の方法は明治初期の飛騨国についてなされている。飛騨では一八七三年（明治六）に、町村ごとに地誌や民勢を調査した報告書『斐太《ひだ》後風土記』が作られたが、この中の物産書上げが資料として用いられた。小山修三らの調査によると、そこには食品として百七十六品目（加工品を含む）が記録されている。内訳は貝類三、魚類十八、両棲類一、鳥類七、獣類十と都合三十九種の動物、および百五種の植物である。そして植物のうち栽培種は五十六、野生種は果実、山菜、茸を中心にして四十九にのぼった（小山修三ほか「『斐太後風土記』による食糧資源の計量的研究」『国立民族学博物館研究報告』六巻三号）。

このように、明治初期の飛騨ではまだ生業として野生動植物の採取がかなり行なわれていたことが目をひくのだが、それらは、植物ではトチ、クリ、ナラ、クルミ、動物ではクマ、カモシカ、イノシシ、ウグイ、サケなど、縄文時代の食品リストに名を連ねているものと重なる種類が多い。もっとも、総エネルギー量供給に占める野生生物の役割は、すでにこの時代にはそれほど高くなくなっている。全エネルギー生産量の九〇％はコメ、ヒエを中心とした穀類が供給しており、これに豆、種子、野菜、果物などを含めた栽培作物全体で九五％を占めている。野生食品は残りの五％弱でしかない。その内訳は、トチが野生食品のエネルギー供給の四六％で最も高く、次いでナラ（一二％）、クリ（一〇％）とこれら堅果類だけで八〇％近くを占めている。残りはワラビ、クズ、カタクリなどから得られる澱粉（四％）、イノシシ、シカ、カモシカなどの獣類（四％）、その他（鳥、山菜）となっている。ここから小山は「野生食の比率にみられる品目は縄文の食品リストに基本的に一致しており、それをさらに要約すれば、堅果類が縄文時代の主食糧として代表的なものであったといえる」と結論している（小山修三「縄文時代の食糧」『歴史公論』七三号）。

復元された食糧資源

それでは、縄文時代の遺物から直接復元された食糧資源の構成はどうなっているだろうか。

福井県三方町の三方湖は、若狭湾に接して連なる三方五湖の一つである。この旧湖岸に縄文早期と前期の生活を遺す鳥浜貝塚がある。西田正規は鳥浜貝塚の土壌を篩分《ふるいわ》けして、総計七十五種以上の、食糧となった動植物遺体を検出することができた。これを定量的に分析した結果、植物ではクルミ、ドングリ類、クリ、ヒシ、哺乳動物ではシカ、イノシシ、貝類からはヤマトシジミ、マツカサガイ、イシガイ、カワニナが、残渣量が多く、しかも重要な食糧資源となったという意味でメジャー・フッドとして選ばれた（西田正規「縄文時代の食糧資源と生業活動——鳥浜貝塚の自然遺物を中心として」『季刊人類学』一一巻三号）。

残渣量で比較すると、貝塚という呼称が示す通りに貝類が最も多く、全重量の七〇〜八〇%以上にのぼる。次いでクルミ、クリ、ドングリ類、ヒシなどの堅果類（二〇〜四〇%程度）、そして残りが魚類および獣類となる。しかしエネルギー量で比較すると、可食部の少ない貝類の比重は必ずしも高くはなく順位は逆転する。カロリー供給で最も重要なものは、低地の鳥浜貝塚でも山国飛騨と同じく、クルミ、ドングリ類などの堅果類で四〇%以上を占め、それに次いで魚類が重要な食糧資源になっていたことがわかった。

サケ・ナッツ型とナッツ型

山内清男は「縄文式文化圏の西南半は木の実を主食とし、東北半は木の実とサケの二本建てになっていたと考えられる」（山内、前掲書）とする「サケ・マス論」を展開し、サケ、マスの溯上が東日本の縄文人口が多かった要因の一つであることを示唆した。

西田はこの議論をさらに押し進めて、冬から春にかけての保存食糧資源を何に依存するかという観点から、生業形態を北海道（アイヌ）のサケ・シカ型、西日本のナッツ型、両者の中間型である東日本のサケ・ナッツ型に区別した。このような生業形態の違いは自然環境の違いによって生み出されたことはもちろんであるが、同時に、縄文時代中期・後期以降に植物栽培の比重を高めるか否かの方向を決定するうえでも一つの鍵になったと考えられている。

西田によれば、東日本のサケ・ナッツ型生業と比べると、西日本のナッツ型は保存食糧の獲得においてより不利であったが、それゆえに早くから植物栽培の比重を高める可能性をもっていたと考えられるのである。河川から遠く離れた中部山地で、縄文中期から農業が存在したとされるのも同様の理由に基づいているのだろう。

このように生業形態には大きな地域差が存在し、中期以降、農耕化の進んだ地域のあったことも無視できないが、縄文時代を通じて木の実（堅果類）が最も基本的なカロリー供給源であったことは、人口分布を考えるうえで重要なポイントではないかと思われる。

気候と植生〈前期・中期〉

一万年ほど前、日本列島の年平均気温は現在よりも約二度低かったとされる。しかしその頃から気候は温暖化しはじめ、六千年前には現在より一度以上高くなった。現在年平均気温が一五度の東京を例にとると、これは四千年のあいだに新潟市から高知市のあたりへ位置を動かしたに等しい変化だった。縄文文化は、この気候の温暖化とともに展開していったのである。気候変化は人口にどのような影響を与えたのだろうか。花粉分析から再現された縄文時代の植生の変化を通して考えてみることにしよう（安田喜憲『環境考古学事始』）。

現在の日本列島では、落葉広葉樹林帯が平野部では北緯三八度あたりを南限とし、内陸山地でも中部地方以東に分布している。それより西あるいは南では照葉樹林帯が優勢になっている。しかし、今よりも寒冷な縄文時代早期前半（九千年前）には、照葉樹林の分布は房総以西の沿岸部と九州に限られており、本州の大部分は落葉広葉樹林におおわれていた。しかも比較的温暖で、暖温帯広葉樹林帯となっていたのは関東以西の平野部と能登半島以南の沿岸部に限られ、他の大部分にはブナを中心とする冷温帯落葉広葉樹林が卓越していた。

その後気候の温暖化が進むと、冷温帯落葉樹林は後退して、六千年前の最も気温の上昇した縄文中期には、東北地方北部と中部山岳部を除く本州以南ではその分布はまれになった。冷温帯落葉樹林に代わって勢力を伸ばしたのは、中部地方以東ではコナラ、クリを中心とする暖温帯落葉樹林であり、西日本ではカシ、シイの生い茂る常緑の照葉樹林であった。現在よりも高い平均気温からすると、照葉樹林はもっと勢力を拡大してもよさそうだが、気温の年較差が大きく、冬の寒さが東日本への照葉樹林の発達を妨げていたといわれる。

縄文時代中期の東日本における人口増加と人口分布は、このような樹林帯の形成と密接な関係があった。縄文人の主要なカロリー供給源であった堅果類は、冷温帯樹林からはミズナラ、クルミ、トチ、ハシバミが得られ、暖温帯樹林ではコナラ、クリを、照葉樹林からはカシ、シイを得ることができる。そして木の実の生産量は、照葉樹林よりも落葉樹林で圧倒的に多く、特に暖温帯樹林のクリ、コナラの生産性が高いとされている。縄文中期の関東・中部地方に木の実の生産力が大きい暖温帯落葉広葉樹林の発達していたこととは、河川を溯上するサケを利用できたこととともに、この地方の高い人口密度を支えたのである。海から遠く離れた中部山岳部でも、暖温帯樹林と冷温帯樹林の両方に接していたことが狩猟採集民としては異例に高い人口密度に結びついたのだろう。三内丸山遺跡（青森市）に代表される高度な内容をもった縄文文明は、豊穣な山の幸、海の幸に恵まれた環境にはぐくまれたものであった。

気候と植生〈後期・晩期〉

四千五百年前から気候は再び寒冷化しはじめ、二千五百年前の年平均気温は現在よりも一度以上低くなった。それ以前の温暖期よりも三度も低下したことになる。気候寒冷化の植生に対する影響は、西日本よりも東日本で強かったようである。東日本の高密度人口を支えていた暖温帯落葉樹林は著しく縮小し、内陸部では冷温帯落葉樹林が卓越するようになった。しかし関東以西の平野部には、それまで足踏みしていた照葉樹林が一気に勢力を拡張させた。

東日本で起きた気候変動による植生の交替は、好環境のもとで飽和状態に近い水準に達していたと思われる関東〜中部地方の人口に、大きな打撃を加えた。中期から晩期にかけて南関東と東山では九〇％以上、北陸でも八〇％も減少してしまった。

ところが東日本の人口激減とはうらはらに、西日本では減少どころか中期から後期にかけては二倍、人口が激減する晩期までを通しても一・五倍に増加した。気温低下の効果が西日本では打撃的ではなかったことにもよるが、生活の基盤に重大な変化が生じていたことにも原因があったと思われる。それは、縄文後・晩期に、イモ、豆、雑穀を内容とする焼畑農耕が受容されつつあったことである。この農耕文化は大陸から渡来した人々がもたらした「照葉樹林焼畑農耕文化」であった（佐々木高明『稲作以前』）。当時の西日本は照葉樹林が勢力を拡張していたときであって、焼畑農耕文化を受け入れるのには好ましい環境になっていたはずである。

東日本の人口崩壊

縄文時代後半の関東および中部地方の人口減少は、それが千年以上の長い時間の中で起きたとしても、またその結果もたらされた人口密度がなお西日本の水準より高かったとしても、異常な大きさだった。原因が気候変化だとするなら、どのようにしてそうなったのだろうか。あるいは他になにか重大な原因はなかったのだろうか。

この問題を検討した及川昭文と小山修三は、関東地方から他地域への人口移動を理由とする説をしりぞけ、気候悪化およびそれと独立に、あるいは関連して流行した疫病に人口崩壊の原因を求めている（Oikawa & Koyama "A Jomon Shellmound Database", *Senri Ethnological Studies*, 9.）。及川＝小山の仮説は次のようにまとめることができる。

縄文時代前半の気候温暖化に支えられて、関東・中部の人口は中期までに環境の人口支持力の限度いっぱいに達していた。そのような状況にあるときに気候の悪化が起きるとまず動物相に影響が現われる。そして生産力の低下にもかかわらずいっそう環境から多くのものを引き出そうとするから、環境の悪化ないし破壊を加速してしまう。その結果として一人あたり食糧消費量は減少し、栄養不良の状態が拡がることになる。同時に、縄文時代後半には大陸から新しい文化を持った人々が渡ってきていたが、縄文人にとっては免疫のない新しい病気ももたらされたと考えられる。

疫病は、アメリカ原住民の社会に天然痘や麻疹が入りこんだときのように大勢の縄文人の命を奪ったであろう。しかもそれは海岸沿いに拡がって、人口稠密な、栄養状態が悪化しつつあった関東で最も猛威をふるったと考えられる。

右の説明はまだ推測の域を出ない。疫学的調査や古人骨・古生態の研究が将来、その正しいことを明らかにしてくれるのを待つべきだが、説得力のある仮説のように思われる。

3　縄文時代の古人口学

骨を読む

墓地、貝塚、崩壊した住居の跡から出土する人骨は、縄文時代の人口現象を端的に物語ってくれる資料である。保存状態の良好な出土人骨から、私たちはその体格、性、死亡年齢、生前の栄養状態、既往症や死因などについて知ることができる。おもに出土人骨に基づいて古い時代の人口現象を研究する分野は古人口学と呼ばれる。このような古い骨を読む仕事から得られた成果から、縄文人の一生を再構成してみることにしよう。

小林和正は、全国各地の縄文遺跡から出土した人骨の死亡年齢を推定している（小林和正「人口人類学」『人類学講座11　人口』）。骨が残存しにくいために正確な年齢別死亡割合を計算する際に妨げとなる、推定一五歳未満の人骨は除かれている。性・年齢の推定されたものは縄文前期から晩期までの人骨二三五体で、そのうち男は一三三、女は一〇二である。

表2　縄文時代（前期～晩期）の平均余命

年齢	男	女
15歳	16.1年	16.3年
20	12.6	13.1
25	9.9	11.1
30	8.1	10.1
35	7.6	10.1
40	5.7	8.7
45	5.3	6.5
50	5.1	5.3
55	4.8	4.3
60	4.2	3.6

（出所）小林和正「出土人骨による死亡年齢の研究」『人類学講座11　人口』雄山閣出版。

なお、男女いずれも、時期による死亡年齢分布には統計的に有意な差異が認められなかったから、成人の死亡秩序は、縄文前期から晩期にかけての長い間にわたって大きな変化はなかったものとされた。

一五歳以上と推定された個体の死亡年齢を見ると、男では三〇～三四歳にピークがあり、女では二〇～二四歳と男女間に違いが認められる。おそらく出産にかかわる死亡が、男女の差を生んだものだろう。男女ともに、現代と比べて死亡年齢が著しく低く、二〇歳台の死亡がほぼ半数を占めている。五〇歳まで生存した人は少なく、六〇歳以上の高齢者はごく稀な存在だったことがわかる。

短命な社会

年齢別死亡数から導かれる平均余命は、縄文人が短命であったことをいっそう明瞭に示している。小林が作成した生命表（表2）によれば、一五歳時余命は男一六・一年、女一六・三年でしかない。一五歳まで生存した男女も、平均すると三一歳ころには死んでしまうということである。一五歳時余命が男六三年、女六九年（一九九八年簡易生命表）の現代からはもちろん、四〇年前後の江戸時代後期と比べても、驚くべき短命な社会だった。

資料上の問題から除外された一五歳未満の死亡を考慮すると、この驚きはもっと大きくなるであろう。年少人口の人骨は土壌中で溶解して残存しにくく、比較的条件のよい出土例でも全人骨の五〇%程度を占めるにすぎないが、後世の例を勘案すると、縄文時代の一五歳までの生存率はそれよりはるかに低かったと考えられる。菱沼従尹《しげかず》は右の生命表に基づいて、出生時余命を男女ともに一四・六年と推計している（『寿命の限界をさぐる』）。

もっとも、縄文人の平均余命が狩猟採集民として特別短かったというわけではなさそうである。世界各地の狩猟採集民はほぼ似たようなものであった。自然条件に強く依存する不安定な生活基盤が短命の原因であったと考えられる。

人口再生産と出生力

縄文時代の極端に短い寿命は、著しく高い乳幼児死亡率によってもたらされたものである。このような社会においては、人口増加はおろか単に人口を維持するためでさえ、生物学的上限に近い出生率が実現される必要があった。どの程度の出生率が得られれば一社会の人口を維持できるか、簡単に計算してみよう。

女性が一五歳から平均余命いっぱい一六年間にわたって、二年に一回の割で出産するものとしよう。生涯出生数は八（人）である。出生性比を一〇五とすると、女児の平均出産年齢（二三歳）までの生存率が二六％以上あれば、一人の女性が次代の母親になりうる女児を一人は得ることになり、人口再生産は可能である。この出生数八、平均出産年齢までの生存率二六％、出生時余命一四・六年という水準は静止人口を実現する組み合わせに近く、その場合の普遍出生率は人口一〇〇〇対六〇以上となる。

しかしこれは相当楽観的な予想であるといわなくてはならない。一五歳から一六年間に二年に一回の出産、すなわち年間の出生率〇・五〇〇という水準を維持することはそう容易とは考えられないからである。リグリィ（Wrigley）は、出産後の不妊期間、新しい妊娠までの期間、流産で失われる期間、妊娠から出産までの期間を長短二通りの仮定をおいて積算し、それぞれ一六・五ヵ月、三二・五ヵ月と計算した（『人口と歴史』）。しかし現実の社会では、この下限、上限の両方とも短すぎるとかれは考えている。特に下限の一六・五ヵ月はいかにも短すぎ、どんなに短くても平均出生間隔は二〇ヵ月を割ることはありそうにない。縄文人が生理的に後世の人間と大きく異なっていないならば、〇・五〇〇という出生率は人間の出生力の上限に近いものであろう。栄養、労働、環境の面において劣悪な条件のもとで、そのような高い出生力水準が長期にわたって維持されえたであろうか。

ただし人類学研究は、高い出生力が実現された可能性を婚制の面から示唆している。シミュレーション実験からは、一夫一婦制ではなく、一夫二婦のような複婚制をとる場合には石器時代人口は確実に増加しうるとされる。そして崩壊した住居跡から出土した人骨や埋葬方法を綿密に検討した結果、縄文時代には複婚制をとる家族が珍しくなかったことが主張されているのである（春成秀爾「縄文時代の複婚制について」『考古学研究』六七巻二号）。なお、古人口学の立場から小林の縄文時代生命表を吟味した小泉清隆は、出土人骨に基づく年齢推定の誤差が、生命表にあらわれていることを疑い、平均余命を再吟味する必要のあることを指摘している（「古人口論」『岩波講座日本考古学2　人間と環境』）。

いずれにしても、縄文時代における長期的な人口増加は、よほど環境条件が良好である場合にのみ実現可能であり、そのときにも増加率が二十世紀の人口爆発に匹敵するほど大きかったとは考えにくい。縄文前期から中期にかけての千年ほどの間の年平均増加率は、かろうじて〇・一％程度のものでしかなかった。

なお、文化史的に見ても重要な、海外からの流入と国内での人口移動については、資料があまりにも乏しいために精確なことはわからない。そのような事実のあったことは確かであろうが、人骨の形態から見て、海外からの移住があったとしても、大多数の縄文時代人の遺伝的形質を変えるほどの規模ではなく、遺伝的に連続した集団であったとされている。

第二章　稲作農耕国家の成立と人口

1　初期の人口調査と人口推計

第二の波

紀元前三世紀ころ九州北部に新しい文化がおこり、それが各地へ広まるにつれて日本人の生活史のうえにきわめて大きな転換がひき起こされることになった。稲作農耕の受容とそれに基づく国家形成が転換の内容である。同時に「文明化」は人口学的側面においても一つの時代を画すことになった。

弥生文化の発展とともに日本の人口は急速に増加しはじめ、第二の人口循環が始まった。この人口成長は千年ほども続いたのち、八世紀を過ぎるころから成長を鈍化させて、十一世紀以後になると農耕文明の初期における人口循環を一巡させたようである。この時代には人口調査や人口資料の面においても飛躍的な発展が見られた。そこでまず、この点から話を進めることにしよう。

初期の戸口調査

毎年、秋も深まって文化の日が近づく頃、奈良の正倉院では開封をおこない、ここに伝えられた御物《ぎょぶつ》の一部を奈良国立博物館で一般に展示してくれる。そのなかにかならず一点、現存する最古の戸籍（しかも紙に書かれた現存最古の文書でもある）を、私たちは目にすることができる。七〇二年（大宝二）の、筑前、豊前、御野（美濃）諸国から提出された戸籍の一部がそれである。

黄色く変色してはいるが、幅広の料紙に端正な文字で書かれた戸籍断簡は、字面に捺《お》された朱の大きな国印にひきたてられて、立派な芸術作品といってもよいほどである。千年以上も昔の家族生活をほうふつとしのばせてくれるこの一点のために、紅葉の古都を訪ねるのもおもむきがあるというものである。

正倉院に伝えられた戸籍は律令制度のもとで作られたものであるが、記録によると、これよりはるか以前から戸口調査が実施されていたことがわかる。

農耕化とともに社会集団の規模が大きくなり、地域的統合が進んで国家形成の過程にはいると、為政者が人民を統治するための手段として、戸口調査が必要とされるようになったのである。史書に現われた最も古い例は、『日本書紀』崇神《すじん》天皇十二年九月の条である。そこには「始めて人民《おほみたから》を校《かむか》へて、更《また》調役を科《おほ》す」（『日本思想大系』岩波書店）とある。つまり、このとき初めて戸口調査が行なわれ、さらに課役が賦課されたのである。

大和朝廷によってさらに国家的統一が進んだ欽明《きんめい》天皇元年（五三二年）八月には、秦、漢からの渡来人を召集安置し、戸籍を編成したという記事が『日本書紀』にあり、このとき、秦人の戸数として七〇五三戸が数えられている。また同三十年（五六一年）と次代敏達《びだつ》天皇三年（五七四年）には、皇室直轄領である屯倉《みやけ》の住民（田部）の人口調査と戸籍編成が記されている。これらの記事からは、初期の戸口調査と戸籍がどのようなものだったのか知ることはできないが、国家形成が進展して、社会の規模が大きく複雑な構成になるにしたがい、必要に応じて戸籍を作り、貢租、労役を課すことが行なわれるようになったことがわかるのである。

庚午年籍

初めての全国的戸籍の作成は、大化の改新の翌年発せられた改新詔に従って、天智天皇九年（六七〇年）に実施に移された。この時作られた戸籍は干支にちなみ「庚午《こうご》年籍《ねんじゃく》」と呼ばれ、氏姓を正す根本台帳として永久保存することが義務づけられたが、現存はしていない。庚午年籍を嚆矢《こうし》として六九〇年に第二回目の一斉造籍が行なわれたらしく、この年を起点に、六年ごとに内容を改める律令制的造籍が始められた。

律令制度のもとで、戸籍は班田収授および徴税、徴兵を支える基礎であった。したがって戸籍には、戸主とその家族の姓名、年齢のほかに、続柄、身体的特徴なども注記された詳細な内容をもっている。それゆえ、戸口調査と戸籍作成には、高度な読み書き能力を備えた役人と強い行政力が必要とされた。一国内にどのような属性を持つ住民が、どれだけ、どのように居住しているかを把握することは、統治にとって基本的な課題である。しかしそれを可能とするためには、これらの前提のほかにも、住民は少なくとも自分の年齢を知っていることは望ましいし、調査を実行するための膨大な費用負担に耐える国家財政が必要とされる。現在もなお、多くの発展途上国で、人口動態の把握が急務であるにもかかわらず、精確なセンサス（人口調査）を実施することが困難な理由もそこにある。

戸籍制度の崩壊

七世紀後半に始まった戸籍制度は、結局長く続くことはなかった。八二四年までは、ほぼ六年一造が守られ、それに基づいて班田収授が行なわれたようである。しかしその年を最後に、全国一斉の造籍は行なわれなくなった。現存する戸籍は一〇〇四年、計帳は一一二〇年頃のものが最後である。

九・十世紀に作られた戸籍は、課口のみを記録したり、税を忌避する目的で年齢や性を偽った記載が多くなり、まったく形骸化してしまった。先にあげたような調査技術、行政能力が十分ではなかったうえに、一斉調査を可能にする政治権力が揺らぎ、社会体制そのものが律令制的土地制度を否定するものへと変質していったために、戸籍制度も崩壊せざるをえなかったのである。

推計人口

律令国家の手によって戸籍が作成されたとはいえ、その集計結果が伝えられているわけでもなく、右に述べた事情によって、戸籍簿から直接、人口を知ることもできない。また六世紀から八世紀の人口として、聖徳太子や行基が数えたという伝説的人口がいくつか伝えられてはいるが、多くは仏教思想に基づく架空の数値のようで、採用することはできない。ここでもやはり歴史人口学の手を借りるほかなさそうである。そのような試みの中から、検討に値するいくつかの推計人口をあげてみよう。

まず表1（16〜17ページ）に示した弥生時代人口五九・五万人は、前章で解説したように、集落跡の分布をもとに導かれたものである。

つぎに三世紀の邪馬台国時代の人口についてであるが、『魏志倭人伝』にある邪馬台国以下二十九ヵ国の戸数から、一八〇万人以上あったと推計できる。同書には邪馬台国ほか七国の戸数が書かれており、その合計は一五万九〇〇〇戸余となる。一戸あたり人員をどれくらいに見積もるかが問題であるが、三〜五世紀の住居跡から推定される世帯の規模を参考にこれを一〇人とすれば、八ヵ国の人口は一五九万人余となる。戸数記載のない斯馬国以下二十一ヵ国の戸数を仮に各国千戸として加えれば、倭人伝二十九ヵ国の総人口は一八〇万人余になる。しかしこれらの国は西日本に位置していて、東日本の人口が含まれていない。東日本人口を縄文晩期から弥生時代への増加率を用いて推計しこれに加えれば、当時の人口は二二〇万人内外はあったとみてよいだろう。

八世紀の推計人口には、沢田吾一によるものがよく知られている。小山が縄文・弥生時代の人口を推計する際にも利用しており、奈良時代の人口を論ずる場合に、避けて通ることのできない重要な業績である。

沢田は一九二七年に大著『奈良朝時代民政経済の数的研究』を著し、この中でいくつかの方法によって奈良時代人口の推計を試みている。中心になるのは弘仁主税式（八二〇年成立）に記載された出挙稲数を基準とする方法である。推計の手順を要約して示しておこう。

①課丁数・出挙稲比　沢田はまず、出挙稲数が諸国の課丁数に比例していたことを明らかにしたうえで、数値が判明する陸奥国の八一五年（弘仁六）の課丁数（正丁および次丁）と、弘仁主税式に記されている陸奥国の出挙稲数の比を求めた。

②各国課丁数　右の陸奥における課丁数・出挙稲比を各国に適用して出挙稲数に乗じ、国別課丁数を算出する。

③国別人口　この課丁数を、あらかじめ戸籍・計帳断簡から求めた八世紀後半の課丁数・人口比で除すことにより、各国の人口を算出した。

ただし、弘仁出挙稲は陸奥国以下四十三ヵ国についてしか得られないので、東海道諸国と近江については、さらに時代の下った延喜主税式（九二七年成立）の出挙稲数を利用した。またいずれの数も得られない畿内五ヵ国と志摩・対馬・多褹（種子島）・左右京の人口は別途に推計された。

このようにして得られた推計人口は五六〇万人となる。また陸奥国以下四十三ヵ国についても延喜稲に統一した場合は五五七万人となる。両者の平均は五五九万人となるが、沢田はこれを約して五六〇万人を奈良時代（八世紀）の良民人口とした。これに出挙稲に反映されない浮浪・奴婢・雑戸を加えると、総人口は六〇〇万～七〇〇万人になるとした。

沢田の推計はおおむね妥当なものとして受け入れられてきたが、問題がないわけではない。まず良民以外の人口および脱漏人口を四〇万～一四〇万人（七～二五％）も見積もることは多少、過大な推計といえるかもしれない。

ところが茨城県石岡市（鹿ノ子C遺跡）で常陸国人口を記した漆紙文書が発見されたことは、沢田推計を見直すきっかけとなった。この文書には延暦年間（七八二～八〇六年）の常陸国人口が記載されていることがわかった。二二万四〇〇〇ないし二四万四〇〇〇と解読される人口は、沢田の推計した常陸国人口（延喜稲よる推計二一万六九〇〇人）に近似する。そこで鎌田元一は、沢田の推計したのは八世紀人口ではなく平安時代人口とみなすべきであると結論した（鎌田元一「日本古代の人口について」『木簡研究』六号）。そして沢田推計に替わる奈良時代人口（八世紀前半）として、鎌田は現存する籍帳などから一郷あたり良民人口（一〇五二人）を推定し、これに全国郷数（四〇四一郷）を乗じて良民人口を計算した。これは四二五万人となるから、これに七万四〇〇〇人と推定した平城京人口と良民の四・四％と推計する賤口数（一八万七〇五〇人）を加えて、全国人口を四五一万人とした。鎌田はこれにより八世紀の政府掌握人口を五〇〇万人程度としている。本書はこの新しい推計を八世紀前半（計算上、七二五年とする）の人口として採用した。ただし鎌田は国別人口を算出していないので、十世紀初期の承平年間（九三一～九三八年）に成立した『和名類聚抄』（和名抄）記載の各国郷数に一郷あたり良民人口（一〇五二人）を乗じ、さらに賤民人口（対良民比四・四％）を加えてこれを推計した。

　鎌田は延暦期の常陸国人口に基づいて、平安時代の全国人口について二通りの参考値を計算している。第一は常陸人口から計算された一郷あたり人口（一四六四ないし一五九五人）を全国の郷数（四〇四一）に乗じて得られる人口で、五九二万ないし六四五万人である。第二は沢田が行なったように、常陸の人口・延喜出挙稲比を全国の出挙稲数に乗じてえられる、五三二万ないし五八〇万人である。

　本書では奈良末・平安初期（計算上は八〇〇年）の人口として沢田推計を用いている。前記のように、もともと沢田は奈良時代の人口を推計しようとしたのだが、鎌田はこれを「奈良末・平安初期人口」とみなすべきと指摘しているからである。本推計では、沢田が二〇万人とした平城京人口に換えて、平安京人口を一二万人として加えた。鎌田の全国人口推計と比べて四％過大もしくは一五％過小である。浮浪や脱漏などを考慮すれば、全国人口は六〇〇万ないし六五〇万人となるであろう。

人口推計の限界

戸籍制度が形骸化した九世紀以降の人口は、さらに漠然としている。この時代になると各種の田積が伝えられており、これを基礎にした人口推計がいくつかある。しかし耕地面積そのものの信憑性に疑問がもたれるうえ、推計方法にも問題がある場合が多い。一例をあげよう。八〇三年の集古図に載る八一万町歩、承平年間に成立した『和名抄』の伝える八六万町歩をもとに、それぞれ全国人口を八一一万人、八六三万人とする推計がある（大森志郎『米の話』）。これは田積一段につき人口一人を扶養できるという関係をあてはめて導かれたもので、その根拠は十六世紀中期から十七世紀前期における伊予の土豪土居清良の来歴を記録した『清良記』の記載にある。しかし土地利用がまだ粗放的で、多くの休耕地を必要とした九・十世紀にこの人口・田積比を適用するには無理があると言わなければならない。右の推計人口は相当過大に評価されていると考えてよい。

『和名抄』による田積からは異なった推計方法による別の人口がある。それは班田収授の規程に基づいて男女こみの一人あたり班給面積を一・六反とし、班給を受けることができない六歳未満人口を六歳以上人口の一六％として算出するもので、こうして得られた全国人口（十世紀初頭）は京師《けいし》人口二五万を加えて六四四万人となった（社会工学研究所『日本列島における人口分布の長期時系列的分析』〈報告書〉）。班田収授制が崩壊し、荘園制が展開しつつあった時期について、班給田の面積に基礎を置く方法が妥当かどうか疑わしい。そもそも水田に依存しない人口集団については皆目、推計の対象になっていない。しかしいまのところ他に手がかりがない以上、仮りにこの方法を用いて推計しておく。

平安時代初期（計算上は九〇〇年）の人口として、『和名抄』の記載する国別田籍に基づく一町あたり人口を乗じる方法により推計した。ただし明らかに異常な数値が記載される国については修正を加えている。男女こみの班給面積を一人あたり一・六反、六歳未満人口を六歳以上人口の一六％として計算すると、全国人口は六四四万人となる。この時代に関しても、平安京人口を一二万人と仮定した。これは班田収授制の規定に水田がどれだけの人口に対応できるかという水準を示すものである。扶養可能人口といってもよい。

『和名抄』田積数は、郷名と同様に九世紀前半のものではないかと推定する見解もあるが、ここでは彌永貞三の研究（『古代社会経済史研究』）に従い、『和名抄』田積はそれが成立した承平年間、あるいは延喜式成立期（九〇五年着手、九二七年成立）の十世紀初期のものとみなした。

『拾芥抄《しゅうがいしょう》』掲載の田積数を利用して平安末期の人口を推計した。推計方法は『和名抄』田積の場合と同様である。『拾芥抄』は一三四一年（暦応四）に完成したので、十四世紀前半の開発状況を示す資料として用いられることが多い。しかし彌永貞三は周到な考察により、これが掲載する田積数は治承（一一七七〜八一年）以前にさかのぼり、平安末期を下ることはないと結論している。控えめながら平安時代末期の寛治（一〇八七〜九四年）の惣検による数値である可能性もなしとはしないとの見解も述べている。そこで年代としては両時期の中間の一一五〇年の人口とみなした。全国人口は、京都人口を一二万として、六八四万人となる。

2　稲作社会化と人口規制要因

人口重心は京都北郊

以上の各種の推計人口のうち田積に基づいて推計された八〇三年および九三一～九三九年の全国人口（八一一万人、八六三万人）を別にして、人口成長の第二の波の足どりを追ってみると、縄文時代晩期から弥生時代への人口回復期（年平均増加率〇・二％）、弥生～奈良時代の急成長期（奈良時代人口を七二五年に五〇〇万人として同じく〇・四％）を経て、十世紀、十二世紀へと人口成長は鈍化して停滞的になっていったことがわかる。

十三・十四世紀に人口の長期的趨勢がどのようであったのかはまったく霧に閉ざされていて不明である。しかし次章で見るように、第三の人口循環は十四・十五世紀に始まると考えられるから、十世紀以後十三世紀までの数百年間は、長期的趨勢には大きな変化のなかった時代であったとみることができる。

弥生時代以来の人口増加に伴って人口の地域分布もまた大きく変化した。縄文時代晩期と比べて、弥生時代には東西の均衡が大きく変わり、西日本の比重が著しく高まった（表1、16～17ページ）。近畿地方（畿内およびその周辺）の占める比率は二・七％から一六・九％へと増えた結果、最も構成比の高い地域となった。次いで九州が八・三％から一七・七％へ伸び、中国、四国ではそれぞれ一・八％および〇・七％のシェアが一一・二％、五・一％へと高まった。西日本の占める割合は弥生時代には全国の五一%に及び、東日本と相並ぶ位置を占めるようになった。この傾向は九世紀頃まで続く。その頃、西日本人口は五八%と完全に東日本を凌駕した。もちろんこの間、東日本人口が増加しなかったのではない。東日本の人口増加以上に、西日本人口の成長が大きかったのである。

十世紀以降、西日本の人口増加は明らかに鈍化した。他方、東日本では相変わらず増加が続いたから、再び東日本人口は西日本人口を凌ぐようになった。しかしその程度は縄文時代のレベルに戻ったのではなく、八世紀の地位を逆転させる程度の変化だった。第二の波における人口変化と地域構成比率の変化は、稲作農耕の受容が地域によって時期を異にしたことと、政治・文化的中心地の移動によって説明することができるだろう。

こうした変化の結果、国別人口分布から計算された人口重心は、八世紀には京都近郊の寂光院付近にあったものが、東日本の人口増加を背景に北東へ一直線に動き、一六〇〇年には彦根市西方の琵琶湖上（沖合九キロメートル）へと大きく移っていくのである（社会工学研究所調査による）。

人口規制要因

この時代の物的生活基盤における特徴はなんといっても、稲作農耕が日本列島の主要な生業として成立し、それが支配的になったことである。農耕に依存する生活型への転換は、人口規模を決定するメカニズムを縄文時代より複雑にするとともに、社会の人口支持力を大幅に引き上げることになった。縄文時代には、人口規模はもっぱら環境によって決定されていた。これに対して弥生時代以後の農耕社会では、生存資料は与えられた環境のもとで人間が生産するものであった。新しい要素として耕地と技術・知識がつけ加わって、人口と自然環境との関係は迂回的となったのである。しかも、人口増加はより広い土地を開墾することを可能にし、人口圧力の高まりは技術開発を促すことによって人口の側から生存資料の大きさを変化させることも可能になった。こうして人口は、生存資料とのあいだに相互に増大への刺激を与えるという関連を持ちながら急速に成長することになった。

しかし、そうかといって、農耕社会化は際限のない人口成長を保証したのではない。一定の技術水準のもとでは利用可能な土地の広さには限界がある。また農作物は気候変化の影響を強く受け、豊凶の変化は初期の農業においてきわめて危険であった。農耕社会の人口は、豊凶や流行病といった短期的な、しかし比較的大きな変化を繰り返しながら、長期的にはマルサスが考えたような規制原理に従って、ロジスティック曲線を描くことになったのである。

稲作農耕文化

縄文時代の相当早い時期から身近に各種植物の管理、品種の選択による栽培が行なわれていたことが、遺物によっても実証されている。さらに縄文後・晩期には、雑穀とサトイモ、ヤマイモの栽培を中心とする焼畑農耕が西日本に広く分布しており、「稲作以前」の農耕文化が形成されていたと考えられている。また最近の考古学的調査は、日本列島におけるイネ栽培の始まった年代を、年々早めるような証拠を発見している。最古の稲作・畑作は、四千五百年前の縄文中期にまでさかのぼるとみられている。それでもなお、大部分の縄文人にとって、生活の基本が狩猟・採集経済にあって、農耕は補助的な手段でしかなかったとみてさしつかえない。

したがって弥生時代以降の急速な人口増加が、大陸から渡来した人々によって招来されたイネの栽培に負っていることは明らかである。その受容にあたって、異質の文化的伝統を持つとはいえ、農耕がすでに展開していたことの意味は大きかった。もしそれがなかったら水田稲作の普及はもっと遅れたかもしれない。北九州に成立した弥生文化は、紀元前一〇〇年頃までには西日本一帯をおおい、一世紀には東北南部、そして三世紀には北海道を除く日本列島のほぼ全域に拡がった。稲作農耕もそれとともに普及定着して、ここに稲作農耕社会が成立した。

稲作の導入は二つの面から人口を増加させた。一つは稲作の高生産力が日本列島の人口支持力を著しく上昇させたこと、そしてもう一つは水田耕作が多くの労働力投入を必要としたことである。弥生時代中期以降、沖積平野へ進出し灌漑施設を備えるようになると、右の両面からいっそう人口増加が促進されることになった。弥生時代の人口密度は一平方キロメートルあたり二・〇六人と縄文中期の二倍半に高まった。人口成長の初期に、まず西日本で人口増加が起きたのは、この地方には大陸からの渡来人が流入し、早くから稲作が定着したからである。水稲耕作は縄文時代晩期の三千年前に北九州で始まり、二千五百年前には瀬戸内海から大阪湾沿岸まで拡大していたと考えられている。西日本で早くから稲作が普及した理由は、大陸に近く、気候が温暖であるという地理的環境にあるのは明らかである。それに加えて、西日本において良質な動物性蛋白質が不足しており、これが稲作の受容を促したとみることができる。

環境の変化

稲作農耕の定着と人口増加にとって、自然条件の変化が大いに寄与したことも重要である。縄文晩期にあたる二千五百年前頃の年平均気温は、現在より一度低い水準にあったが、その頃を底として上昇に転じた。三世紀にはまだなお寒冷気候が支配していた。しかし他面、寒冷気候による海水面低下が海岸平野や三角州性の沖積平野、自然堤防を発達させていたから、自然灌漑による直播《じかまき》可耕地を容易に利用できるというプラスの要素も存在した。その後、縄文晩期から弥生時代にかけて気温は上昇し温暖化が進むが、弥生時代後期になると気温は再び低下し、四世紀から七世紀にかけて、「古墳寒冷期」と呼ばれる低温期が訪れる。ところが奈良時代に入ると、一転して気温上昇が始まり、九・十世紀の小温暖期を経て、十一・十二世紀は温暖乾燥の極に達した（図2）。温暖化のピークには、寒冷期よりも三度以上も気温は上昇したと推定されている（山本武夫『気候の語る日本の歴史』）。ヨーロッパで「中世温暖期」と呼ばれるこの時代は、バイキングの時代であった。デーン人、ノルマン人たちはグリーンランド、新大陸へ航海し、ロシア、フランス、シチリア、イングランドに王朝を作っている。

夏季の高温と日照を不可欠とする稲の栽培を生存の基盤にすえるようになって、日本列島の人口分布は一変した。八世紀には西日本が日本人口の主要な生活舞台となった観がある。文化、政治・経済の中心となった近畿地方には、全人口の五分の一が集

図2　古記録による湿潤指数と洪水指数

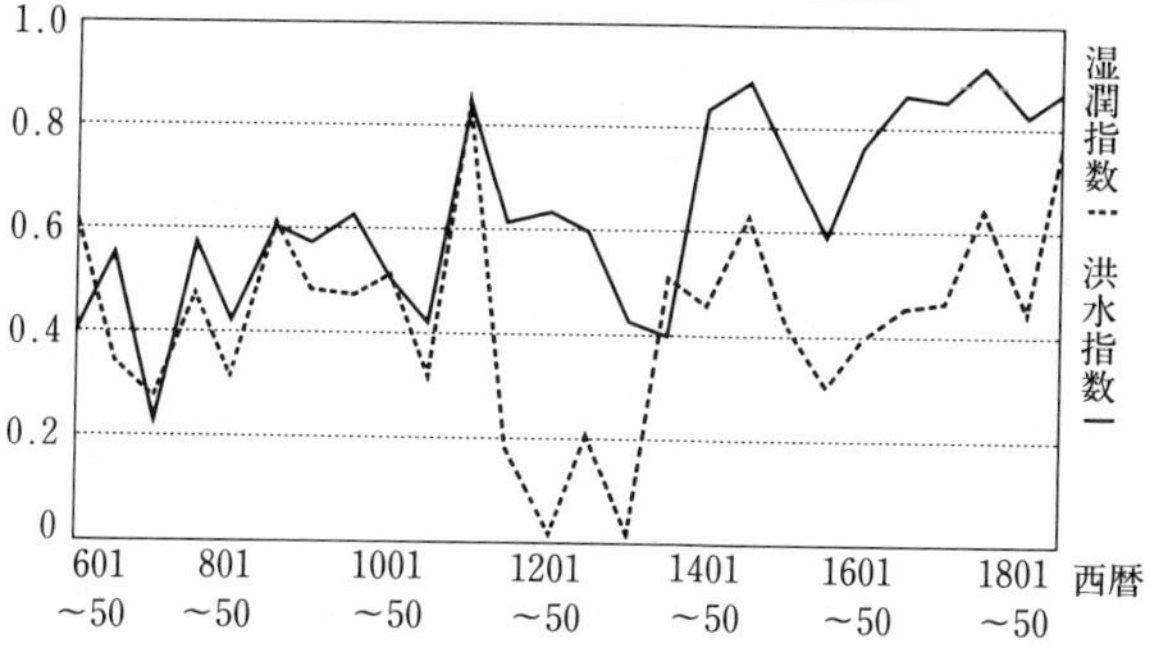

（資料）小鹿島果『日本災異志』地人書院。
（注）湿潤指数：霖雨と旱魃の合計件数に対する霖雨の比率。
洪水指数：夏季の洪水と旱魃の合計件数に対する洪水の比率。

中したのである。西日本一帯が地理的位置や気候、地形などの条件に恵まれていたからであろう。しかし気候温暖化は稲作の東進を助けることになったから、東日本の開発が進むにつれて人口分布における東日本の地位は再び上昇した。武士団が成長し東国に政権が置かれる十二世紀には、関東地方が首位に戻った。

人口成長の限界

自然環境の好転に支えられた稲作農耕化とそれにともなう国家形成の実現は、めざましい人口増加となって現われた。しかし八世紀を過ぎて成長率は落ち、十世紀以降は停滞的になって、人口の第二の循環は終熄の局面に移ったようである。人口成長の限界は何によってもたらされたのだろうか。次の四点について検討してみよう。

第一に考えられることは、当時の技術体系のもとで可能な耕地拡大と土地生産性の上昇が望めなくなったのではないかという点である。『拾芥抄』による田積（約九三万町歩、三〇〇歩＝一反に換算して一一一万町歩）は、江戸時代中期の一七二一年田積（一六四万町歩）の約六八％にあたる。江戸時代前期は戦国時代以来の大開墾時代であったことを考えると、近畿地方を中心とする先進地帯の水田は、十二世紀までに相当程度、拓かれていたと見ることができるだろう。そのようなところでは現実に耕地拡大は壁に突き当たっていたにちがいない。しかしながら、東北などのフロンティアでは開発余地が広く残されていたから、この壁を強調しすぎてはならない。

第二に考慮しなければならないのは気候悪化の影響である。ただしこの場合は冷害ではなく旱害が問題になる。十一・十二世紀の温暖化のピークの時代は、同時に乾燥化の時代でもあった。前頁の図2に示した湿潤指数は十二世紀後半から十四世紀前半にかけて異常に低く、この時代が冷涼（湿潤）の時代ではなかったことを如実に語っている。この指数は小鹿島果が編纂した『日本災異志』に収集された六〇〇年から一八七五年までの記録から作成したもので、霖雨件数を旱魃および霖雨件数の合計で除して算出している。

土中の花粉分析や樹木の年輪に含まれる酸素18という、普通の酸素（原子量16）よりも重い同位元素の物理化学的分析からも、この世紀が著しい高温期であったことを示している。したがって、十一世紀は高温であり、かつ降水量の多い、植物の生育にとっては最も好ましい環境の支配する時代だったということができる。国風文化の成立期が、温和な十世紀、高温湿潤の十一世紀であったことは無関係ではないだろう。

十二世紀における乾燥化の影響は度重なる旱害となって現われた。その極点が一一八一年（養和元）の日照りによる大飢饉であった。鴨長明は『方丈記』の中で、飢渇と疫病が猛威をふるう京の町なかに乞食があふれ、打ち捨てられた屍《しかばね》が累々《るいるい》と道をうめるというこのときの悲惨な状況を描いている。

旱害の打撃は、その地理的位置から西日本を中心に大きかった。十世紀から十二世紀への人口増加が、東日本では一〇％ちかい増加であったのに対し、西日本ではわずかに二％でしかなかったのはそのためであろう。この世紀の末期に平家が倒れ、東国に源氏が政権をうち樹てることができたのも、このような自然史との脈絡において考える必要がある。

第三の要因は疫病である。ファリス（Farris）は八世紀初期の人口増加に歯止めをかけたのは、七三五年から七三七年にかけて発生した天然痘であったと指摘している。この天平の疫病は北九州の太宰府で最初に記録された。中国または朝鮮から対馬、壱岐を経由して侵入したのであろう。中国では紀元前二世紀ないし紀元一世紀、遅くとも四世紀にはこの病気が記録されている。この時代は大陸から日本への人口移動が活発であったから、日本に天然痘が侵入したのは八世紀以前に溯るのは確実である。しかし記録に残る最初の大流行が、天平期であった。ファリスはこの時の天然痘流行による人的被害は、地域によっては五〇から六〇%にのぼる国もあり、全国でも二五から三〇%であったと推計している。十四世紀ヨーロッパの黒死病に匹敵する規模であったと想像される（Farris, W. Wayne, 1985, *Population, Disease, and Land in Early Japan, 645–900*）。

最後に、しかし最も重要な要因として、社会体制の変質を指摘しなくてはならない。それによって、所与の技術体系を適用できるような政治・経済力が衰退してしまった。公地公民制は早くも九世紀には動揺しはじめ、十・十一世紀には解体した。代わって出現したのは荘園・公領制であった。土地の私有化は、初期には原野の開墾を促す要因となったが、次第にマイナスの作用を及ぼすようになっていった。律令制的土地制度の崩壊は、高度な技術と大量の労働力を駆使して大河川流域の平野を開拓し、排水・灌漑施設を維持することを困難にした。大規模な開墾が困難になっただけではない。条里型水田の維持すら困難になる場合もあって、「不堪佃田《ふかんでんでん》」と呼ばれる荒廃田が増加した。

もっとも、このような見解とは反対の見方もあり、十一・十二世紀を大開拓の時代とする考えも出されている。たしかに一部には開発に熱心な田堵《たと》・富豪層がおり、国衙《こくが》の果たした役割も依然大きかったかもしれない。しかしそのような荘園があったとしても、多くの荘園領主の関心は農地経営そのものにはなく、次第に年々必要に応じて徴収される各種の年貢に移っていったと思われる。直接耕作者の農民にとっても、貢納生産と自給生産が支配的な生産目的であった。そのような条件のもとで、農業生産の拡大や生産性の向上は起きにくかったにちがいない。

ここに取り上げた、食糧生産の拡大と人口増加を妨げたと思われる四つの要因は、それぞれ異なった面から、異なった影響を及ぼしたであろう。十二世紀以降の人口が実際にどのように推移したかは依然不明としか言えないが、右の要因がなんらかの効果を与えたとするなら、少なくとも八世紀までのような急成長があったとは思えない。かなり大きな地域差を含みつつ、微増にとどまったと推測できる。また、人口の動きがむしろ耕地拡大を停滞させる原因となっていた可能性も、最後につけ加えておこう。もしなんらかの要因、たとえば疾病や、経済とは独立に起きた人口学的行動の変化であったかもしれないが、それが人口増加を妨げたならば、農業生産の拡大への刺激を減ずる作用をすることになったのだろう。

3　農耕化による人口学的変容

渡来人

弥生時代以降の人口増加には、縄文時代から日本列島に住みついていた人々の自然増加によるだけではなく、海外からの移住に支えられた増加もあった。そもそも稲をもたらした人々は、そのような渡来人であった。『日本書紀』や『風土記』は、エミシ、ハヤトと呼ばれた先住民族と、大陸から渡来した人々の接触を直接、間接に物語る記事を載せている。民俗学的研究も、稲作農耕文化の成立する以前に、日本列島には異質な文化的伝統を持つ人々が定着していたことを裏づけている。歴史時代になってからも、技術者、知識人を中心に大陸から多くの人々が渡来して帰化したことはよく知られている。

海外からの来住はいくつかの波を持っていた。二千二百年くらい前に稲をもち北九州に定着した越人の集団、千八百年前に漢の支配から逃れて来た人々、四世紀に高句麗経由で入り、のちに朝廷を築いたとされる騎馬民族の大きな移動の波、五世紀後半から六世紀における朝鮮からの多数の技術者の渡来、七世紀における百済からの大量移住などが主なものであろう。いずれの場合にも、大陸における政治・社会の動向が背景にあった。

そのような渡来人の流入が、弥生時代に始まる人口増加に寄与した程度はどれくらいだったのだろうか。『日本書紀』には何箇所か、帰化人の戸口に関する記事がある。たとえば欽明天皇元年（五三二年）に秦人の戸数は七〇五三戸あったというから、その人口は十数万人を数えたことになる。しかしこのような断片的な記載から、人口増加への寄与を測ることは不可能に近い。

弥生時代と古墳時代の人骨の形態研究からは、北九州・山口地方や近畿地方の弥生人は大陸からの渡来人の形質を色濃く受け継いでいるものの、日本全体を見た場合には、縄文人の形質を一斉に変化させるほど多数の移住者が渡来したとは考えられない、という考えが支配的であった（内藤芳篤「弥生時代人骨」『人類学講座5　日本人I』）。この見解に従うならば、先端技術を持ち高度な知識を備えていた渡来人が、国家形成の上で果たした役割は非常に大きかったとはいえ、この時代の人口成長の大部分は、古くから日本列島に住みついていた人々の自然増加にあったということになる。

これに対し、埴原和郎は発掘人骨の頭骨を測定した結果、縄文時代の終わり頃から古墳時代にかけて、想像以上に大量の人口流入があったにちがいないと推定している（『日本人の成り立ち』）。北九州や本州西端部に渡来してきたこれらの北アジア系集団は、弥生時代以後から急速に増え、やがて近畿地方にまで拡散して、倭文化の基礎を作ったと考えられる。

いく通りかのシミュレーションを行なった結果は驚くべきものであった。弥生時代初期から奈良時代初期までの千年間に一五〇万人程度の渡来があり、大きな地方差はあるものの、奈良時代初期の人口は血統からみて、北アジア系渡来系が八割あるいはそれ以上、もっと古い時代に日本列島にやってきて土着化していた縄文系（原日本人）が二割またはそれ以下の比率で混血した可能性が高いという。埴原の仮説は、遺伝子のＤＮＡ分析や特定ウィルスの感染に関する疫学的研究、結核感染に関する人骨の古病理学的研究、犬種の血統に関する遺伝的調査などによっても裏付けられている。弥生時代以後の日本人集団と日本文化は、人口移動に基づく「二重構造モデル」によって説明されるのである（埴原和郎『日本人と日本文化の形成』）。

弥生時代の人口革命

農耕化は人類が経験した第一のエネルギー革命である。これによって人口は着実に増加することができた。しかしながら、そのメカニズムに関しては不明確な部分が多い。農耕、とりわけ貯蔵可能な穀物の栽培が食糧を豊富かつ安定的に供給することを可能にし、それによって死亡率が引き下げられ、出生率が高められたという図式は、だれでも想像するであろう。しかし、このように農耕化がただちに死亡率を低下させたとする単純な推論を、A・J・コール（Coal）は否定している。

コールは、農耕化によって初期農耕社会の出生率は高まったが、死亡率もまた上昇したと考える。その理由は、気候変化や病虫害による農作物の不作がしばしば起きるのを避けられなかったことと、人口密度の上昇が流行病の伝播を容易にしたことである。一方、出生率の上昇は、農耕にともなう定住の促進、一般的な栄養水準の上昇、婦人労働の必要が早期の離乳を促したことによって説明される。こうして出生率、死亡率ともにより高い水準へ移ったが、この「人口転換」にともなう僅かな両率の差が人口増加を可能にしたというのがコールの構想である（「人口の推移」『サイエンス』四巻一一号）。

日本の場合はどうだろうか。コールがあげている変動の要因を評価してみよう。最近の栄養人類学的研究は、新大陸における土着農耕民の出生時平均余命が狩猟採集民よりも短く、農耕化が必ずしも死亡率改善につながらなかったことを明らかにしている。その原因は、栽培植物（トウモロコシ）への依存は摂取熱量を高め、栄養を量的には向上させたが、穀物への過度の依存が動物性蛋白質の摂取を減少させて、栄養の質的低下をもたらしたことにあった。発掘された人骨から見ると、狩猟民では乳児の死亡が最も多いのに対して、農耕民では一～三歳の幼児が大きな比重を占めていた。離乳期における柔らかな澱粉質の食事が細菌を繁殖させて下痢をひき起こしやすく、また蛋白質欠乏症をもたらしたためであった（井川史子「骨で見分ける古代人の生活ぶり」『科学朝日』四一巻一二号）。

出土人骨から生命表を作成した小林和正は、弥生時代の一五歳時平均余命を三〇年前後、古墳時代には同じく三一～三五年と計算している。事例数がごく少ないので確実なところはわからないが、縄文時代人と比べると二倍に伸びているから、弥生時代以降、成人の死亡率は改善されたといってよいだろう。もっとも、小林の生命表に基づいて出生時余命（寿命）を推計した菱沼従尹は、縄文時代の水準（一五年程度）と変わらないと結論している。この意見に従うなら、農耕化によっても乳幼児死亡率は改善されなかったことになる。

大淵寛・森岡仁は菱沼の立場に立つならば、農耕化以前の出生率は相当高かったはずであるから、定住化などによる出生率上昇の可能性はなお残されているものの、それがさらに高まったとは考えにくく、したがって、農耕の波及にともなう人口増加はさほど急激ではなかったことになる、としている（『経済人口学』）。

以上の一般的な議論は初期農耕についてはあてはまるだろうが、弥生時代以降の水稲農耕についてはどうだろうか。稲作の人口支持力が大きかったこと、縄文時代以来の野生食糧資源の利用が十九世紀になっても放棄されなかったことを考えあわせると、大陸から日本列島への波状的な人口流入に加えて、弥生時代に人口革命の生起したことと、その際に死亡率低下の役割が無視できなかったことを、認めてもよいように思われる。

八世紀の戸籍断簡の中から、比較的信頼度が高い美濃国（七〇二年）について年齢階層別人口構成を調べてみると、年少人口（一六歳未満）四一・六％、青壮年人口（一六～六〇歳）五五・六％、老年人口（六一歳以上）二・九％である（男女こみ、合計二一三二人）。この数値だけ見れば、八世紀の人口構造は二十世紀後半の発展途上国の水準に似ている。しかし乳幼児の脱漏が大きかったとすると、出生時平均余命は二〇歳を超えたとは考えられない。

ファリスは現存する八世紀の戸籍残簡から生命表を作成している（Farris、前掲書）。男女別に十個の人口群を対象としてモデル生命表を適用した結果、七〇二年の四つの男女人口について統計的に有意な結果がえられた。出生時平均余命は二八から三三年と推計される。出生から五歳までの乳幼児死亡率は五〇％以上とひじょうに高かったにもかかわらず、人口増加率は年率一％程度の高いものであった可能性があるという。しかし普通出生率が五〇パーミルを超えるような水準が、長期にわたり持続する可能性はあったのだろうか。棄却された六個の人口群の出生時余命は、二〇年未満であった。農耕社会化の人口動態への影響は、まだわからない部分が多いといわなければならない。

第三章　経済社会化と第三の波

1　人口調査と人口推計

数量的関心

人口成長における第三の波は、十四・十五世紀に始まったと推測される。その後四百～五百年を支配して、十八世紀まで継続した。この波は先市場経済から市場経済への転換、すなわち経済社会化の現象と本質的に結びついていた。この時代はまた、近代日本人の生活原型を形成したという点で、一つの生活革命の時代でもあった。歴史人口学の最近の進歩は、縄文時代の人口について考える手がかりを与え、江戸時代に生きた民衆の個人追跡調査すら可能にしてきたにもかかわらず、第三の波の前半は依然として暗闇の中である。十一世紀以後の数世紀が、全国的な人口調査の空白の時代だったためである。それは土地と農民を支配する社会のあり方と深く関係している。

荘園制という経済システムの成立は全国的な人口や生産、土地に関する調査を困難にさせたし、中央政府や荘園領主層の数量的関心そのものが、きわめて稀薄だった。

生産や人口に対する関心が再び強まり、実際にそれらが調査されるようになるのは、十六世紀になってからである。戦国大名にとって富国強兵を実現することは死活問題だった。軍役や兵糧を年貢として賦課徴収し、生産増大を図るための基礎として、土地と人口が正しく把握される必要があった。豊臣秀吉が、全国統一を果たした一五九一年に、人掃《ひとはらい》と称する戸口調査を計画し、統一の過程で次々と検地を実施したのもその延長線上にあった。諸大名の戸口調査は、江戸時代に入ってからも、「人畜改《あらため》」「棟付改《むねつけ》」「人別改」といった名称で盛んに行なわれた。しかしこれらのセンサスはいずれも地方的、臨時的性格のものだった。

宗門人別改帳

江戸時代の人口史研究にとって、宗門人別改帳《しゅうもんにんべつあらためちょう》ほど豊富な情報をもたらしてくれるものは他にない。宗門人別改は、必要に応じて随時行なわれていた本来の戸口調査としての人別改が、キリスト教などの信仰を取り締まる目的で行なわれた宗門改と重合することによって成立したものである。元来別個の性格を持つ二つの調査が結びついたのは、一六七一年の幕令によって宗門改の徹底化が図られ、人別改も毎年行なわなければならなくなったためである。こうして成立した宗門人別改は、キリシタンが表面的にほとんど見られなくなってからも慣習的に続けられ、次第に戸籍調査として定着し、一八七二年（明治五）に壬申《じんしん》戸籍が成立するまで続けられた。

宗門人別改帳（以下宗門改帳と略す）は、原則として町村などの行政単位で作成される。領主に提出された帳簿から領内人口が集計されたと想像されるが、その結果が長期にわたって残されているのは、米沢、南部、会津、宇和島など数藩にすぎない。第三の波を構成する人口動向は、幕府の手で全国人口調査が行なわれるまで、直接知ることはできないのである。

全国人口調査

全国人口が初めて調査されたのは一七二一年のことである。この年、幕府は全国の諸領に対して布達を発し、領内人口を報告させた。時の将軍吉宗は、十七世紀末に露呈した幕府財政の窮乏を打開するためにさまざまな改革を実行した。その一環として、大坂における江戸積商品の集荷状況や船舶の調査などとともに、人口調査も行なわれた。この時代には、経済変量を的確につかみ、政策遂行のための判断材料にしようとする態度が定着していたことがうかがわれる。

最初の調査が一七二一年に行なわれたあと、五年後の一七二六年にふたたび調査が実施された。この年は干支でいうと丙午《ひのえうま》にあたり、それ以後六年に一度、子《ね》年と午《うま》年に調査を行なうことが制度化されたために、幕府の全国人口調査は子午《しご》改《あらため》と称されるようになった。

十七世紀の人口成長

人口成長の第三の波が、いつ、どのようにして始まったのかを解く鍵は、十七世紀の人口増加の中に隠されている。

徳川幕府は一七三四年に、一〇万石以上の大名で八十年来所替えのなかった十家に対して、既存の人口調査の結果を提出するように命じた。これに応じた金沢藩ほか八藩の報告と、別に得られる六藩の資料を加えて考察してみよう（梅村又次「徳川時代の人口趨勢とその規制要因」『経済研究』一六巻二号）。これによると享保期以前の諸藩の人口は、十八世紀初頭にいくつかの藩で軽微な減少が見られるほかは増加傾向にあり、多くの藩で十七世紀の増加率が高い。さらに元禄期までと享保期までの前後二期について変化のわかる一〇藩についてみると、元禄期までの十七世紀後期の年平均増加率が〇・五六％であるのに対し、元禄から享保期にいたる十八世紀前期の増加率はわずかに〇・〇五％である。しかも四つの藩では減少していた。全国人口は十七世紀に高率で増加して、享保期のあたりで成長を鈍化させたようである。

吉田推計

十七世紀初頭あるいはそれ以前の人口はどの程度だったのだろうか。十六世紀末の全国人口の推計として、一八〇〇万人とする吉田東伍の説がある。吉田は明治四十年頃の米収量五〇〇〇万石と人口五〇〇〇万人、天保期の石高三〇〇〇万石と人口三〇〇〇万人がほぼ見合っていることに着目して、日本人は一年間に一人あたり一石の米を直接、間接に消費するものと考えた。そして太閤検地による天正期の全国総石高（一八〇〇万石）から、一八〇〇万という推計を導いたのである（『維新史八講』）。

吉田推計は「石高は田土の収穫の見積（り）」であるとして、経験的な収量（石高）・人口比率から導かれたものであるが、半世紀のあいだ、当たらずといえども遠からずとみなされてきた。しかし「石高」とは何だろうか。また「収穫の見積（り）」とは何だろうか。このような疑問をいだいた速水融は、吉田推計の根拠とする石高・人口比（一人＝一石）は偶然そうなったにすぎないとして、吉田説を退けた。その理由は、近世初期にも一人＝一石の関係が成り立つか否か疑わしいこと、次に石高は米（玄米）そのものの収穫量ではないことである。周知のように石高は、田ばかりではなく畑や塩田、さらに屋敷地にも盛られる、年貢賦課のための米で測った土地の法定評価額であった。また武士の家格を示す基準ともなっていたから、実際の米収を直接反映するものではないのである。

十七世紀初期の人口・石高比を実際に求めてみると、細川氏の調査になる「小倉藩人畜改帳」（一六二二年）によると豊前・豊後両国の村々では〇・二八〜〇・四四だった。これを、一八五〇万石と言われる慶長石高を二割ふくらませた二二〇〇万石に乗じると、石高に比例する人口は五一八万〜八一四万人となる。非農村人口を加えても、一六〇〇年頃の全国人口はせいぜい一〇〇〇万人であろうと推計された（速水融『日本経済史への視角』）。

同様の方法で文禄期の出羽国置賜《おきたま》地方農村（「邑鑑」）と寛永期の肥後藩農村（「肥後藩人畜改帳」一六三三年）について筆者が求めた人口・石高比は〇・二六〜〇・三一、および〇・三五であったから、人口の過小登録を考慮しても一八〇〇万人とする吉田推計が過大であることは明らかであろう。

速水推計

地域人口と石高の比率を求めた右の地域は、いずれも当時の後進地帯であったから、その人口・石高比を全国にあてはめるには問題があるかもしれない。そこで速水は、石高によらないまったく別の方法によって全国人口を求める試みを行なった。この推計は宗門改帳を駆使した観察によって得られた、信濃国諏訪郡の人口増加パターンを利用したものである。諏訪郡全体の人口は江戸時代前半の百五十年間に三倍増加したと推定される。そしてこのパターンは、人口増加の開始時点は地域によって異なるものの、どこでも共通していたと仮定された。

人口成長の開始期を、五畿内の先進地帯では一五〇〇年、尾張から播磨にかけての七ヵ国の中間地帯では一五五〇年、その他の後進地帯では一六〇〇年とし、どの地域においても、その後百五十年間で三倍に増加して極限人口に達すると仮定した。極限人口には一七五〇年の地域人口があてられた。

このようにして推計された一六〇〇年の人口は一二二七万人になる（社会工学研究所、前掲書）。一七二一年までの年平均増加率は〇・七八％となって、吉田推計の場合（〇・四六％）と比べてかなり大きい。近代以前に人口流入もなしに自然増加だけで、明治から昭和までの実績である一％近い増加が一世紀以上も続けられるのかどうか、という疑問もある。

推計はあくまでもいくつもの仮説に基づいてなされたものであるから、いろいろな可能性を検討してみる必要はあるだろう。前に述べたように、江戸時代前期の人口成長は江戸時代になってから始まったのではなく、早いところでは十四・十五世紀から始まっていた可能性がある。またこの推計では全国人口の増加が一七五〇年に停止することを仮定している。しかし幕府の調査によると、一七二一年以後、停滞しているといってもいい。そこで人口増加パターンは同じとし、人口成長の開始時期を二十年、および三十年早かったものと仮定してみると、一六〇〇年人口は一四三二万、および一五四七万になる。一七二一年までの年平均増加率はそれぞれ〇・六五%、および〇・五八%となる。この水準であるならば、成長開始期の仮定と増加率の実現可能性からみて、無理のない推計ではないかと思われる。事実は今後の検討課題である。しかしどの説に拠るとしても、江戸前期が増加率の高い「人口爆発」の時代、中・後期が停滞の時代であるという歴史像にはいささかも変更を加えるものではない。

江戸後半の停滞

江戸時代後半の人口は、前半とは対照的に停滞的となった。幕府の全国人口調査によると、一七二一年に二六〇五万人を数えた調査人口は、減少と回復の波を描きながら、調査結果の伝わる最後の年、一八四六年には二六八四万人であった。変動幅は一七二一年人口に対して、最大三・三％（一七三二年の二六九二万人）、最小四・五％（一七九二年の二四八九万人）と上下五％以内に収まっている。一七二一年と一八四六年の両端を結ぶ長期的趨勢は三・二％、年平均〇・〇三％の微増にとどまった。

ただし、この数値は若干修正されなければならない。幕府の人口調査の対象は庶民人口に限られ、武士、公家ならびに被差別民は除かれていたからである。また庶民人口についても、実際に調査を行なった所領ごとに調査対象となる下限年齢が異なっており、年少人口にはかなりの除外があったと推測されるほか、都市住民の中には帳外れとなって調査から漏れた人口も多くあった。関山直太郎は幕末の除外人口を四五〇万～五〇〇万、すなわち調査人口の一五～二〇％と推定している（『近世日本の人口構造』）。ここでは、明治初年の身分別人口表を参考に、ほぼ一割を占める平民以外の武士その他の人口が身分上除外されており、このほかに庶民人口の一割にあたる人口が、年齢、帳外れによる除外・脱漏人口であると仮定し、表1には幕府の調査人口に一・二を乗じて補正した推計人口を示しておいた。

この種の除外・脱漏人口は、幕末に近づくにしたがって増加した可能性がある。も

図3　第三の波

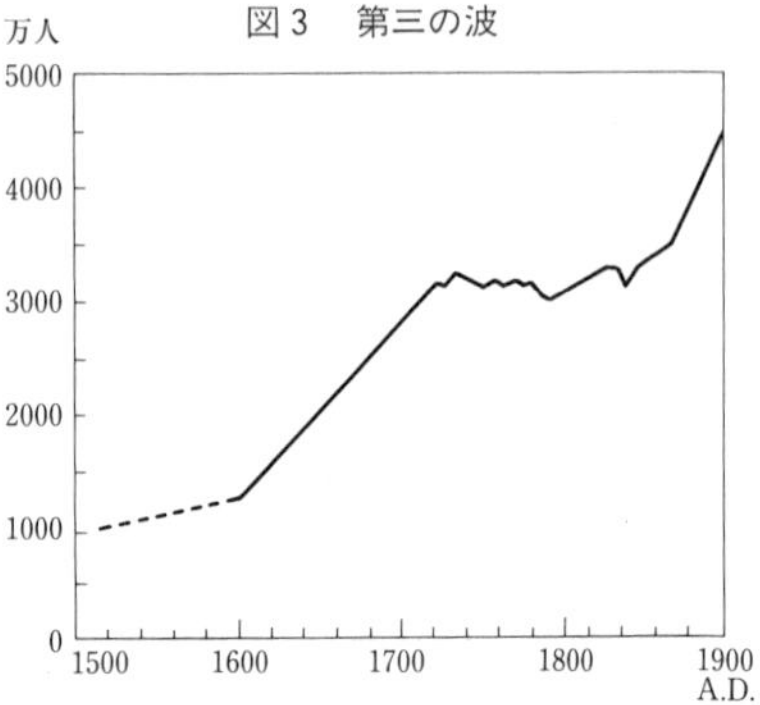

しそうならば、江戸時代後半の人口はもっと増加したということになるだろう。しかし、たとえそうであったとしても、増加率が一〇%を超えなかったのは確実である。

新しい解釈

江戸時代後半の人口が停滞的だったとする通説は間違いではない。しかし図示したように、江戸時代後半の人口を、一六〇〇年および十九世紀後半の人口と結んでみると、江戸時代後半の人口停滞に対する見方はまた別のものになる。江戸時代後半の人口変化は十八世紀と十九世紀とでは異なっていた。人口が最も落ち込んだ一七九二年を境に区切ってみると、一七二一～九二年は四・五%の減少（年率〇・〇七%）、一七九二～一八四六年は八・五%の増加（年率〇・一五%）とはっきり二分される。十八世紀の減少は、第三の波の終熄局面であるが、十九世紀の増加は、明治期の急速な人口増加の先駆けとなった、近代人口成長の初期局面として理解されるべきだろう。

2　経済社会化と人口成長

人口成長のメカニズム

十七世紀は人口革命の時代だと前に書いた。それならば、この人口成長は、いつ、どのようにして始まったのだろうか。それが一六〇〇年頃に突如として起きたとは考えにくいし、そうかといって十二世紀以降同じペースで増加しつづけたとも考えられない。経験的に無理のない成長曲線をあてはめるならば、人口成長の開始期を十四世紀から十六世紀のどこかに求めることができそうである。

第三の波における人口成長の要因とそのメカニズムについて答えることは、速水推計で用いた人口成長曲線に関する仮定の根拠について説明することでもある。速水によってなされた信濃国諏訪郡の農村人口の詳細な研究によると、十七世紀の人口成長は、一般に世帯規模と世帯構造の大きな変化をともなっており、これによってひき起こされた出生率の上昇が人口成長の主要因となっていたことが明らかである（『近世農村の歴史人口学的研究』）。

表3　組別にみた世帯規模と世帯構成員数（肥後国合志郡、1633年）

組名	竹迫	弘生	上生	板井	永村	住吉村	大津	津久礼	下町村	平川	全体
世帯数	119	125	139	92	168	122	194	99	124	147	1,329
1. 平均世帯規模	10.27	6.26	6.01	6.89	6.30	7.29	4.70	7.13	6.14	7.09	6.65
2. 血縁家族	4.45	3.97	4.37	4.68	4.43	4.13	3.79	4.58	4.10	4.15	4.22
3. 戸主と妻	1.93	1.92	1.92	1.90	1.73	1.89	1.98	1.87	1.89	1.99	1.90
4. 親	0.81	0.69	0.57	0.92	0.73	0.86	0.71	1.04	0.83	0.97	0.80
5. 子ども	1.54	1.18	1.71	1.59	1.71	1.33	1.04	1.33	1.19	1.05	1.35
6. 傍系親	0.17	0.18	0.17	0.27	0.26	0.05	0.06	0.34	0.19	0.14	0.17
7. 非血縁家族	5.82	2.30	1.64	2.22	1.85	3.16	0.92	2.56	2.04	2.94	2.43
8. 名子	4.08	1.50	0.86	1.43	1.41	2.64	0.63	1.82	1.42	2.34	1.74
9. 下人他	1.74	0.80	0.78	0.79	0.44	0.52	0.29	0.74	0.62	0.60	0.69

（出所）鬼頭宏「徳川時代初期の農民の世帯と住居——肥後藩人畜改帳の統計的研究」『数量経済史論集・日本経済の発展——近世から近代へ』日本経済新聞社。
（注）世帯あたり平均人数。

諏訪地方の人口は一六〇〇年頃から増加を開始し、その後一世紀半のあいだに三倍になったと推定される。この間に平均世帯規模は、十七世紀後半（一六七一～一七〇〇年）に七・〇四人だったが、時とともに縮小し、十八世紀前半六・三四人、十八世紀後半四・九〇人、十九世紀前半四・四〇人、そして幕末の一八五一～七〇年には四・二五人となった。幕末の平均世帯規模は、二世紀前の六四％でしかない。規模の縮小は十八世紀の中頃までに著しく進んだが、その頃までが人口増加の大きい時代でもあった。

　平均世帯規模の縮小は、同時に別の変化をともなっていた。それは世帯規模の地域差の解消と、特定規模への集中である。諏訪地方の村落を諏訪湖北西岸地区、同東南岸地区、甲州往還に沿う南東地区、八ケ岳西麓の山浦と呼ばれる地区に分けると、諏訪湖北西岸と東南岸地区では早くから世帯規模の縮小が進んだのに対し、山浦および南東地区では遅くまで世帯規模が大きかった。また平均世帯規模の大きい時代あるいは地域においては、世帯規模の分布は広く分散していたが、幕末期には世帯規模四人ないし五人に顕著な集中が見られた。

世帯の構造

世帯規模の大小の差は、世帯構造と密接な関係にある。諏訪地方における世帯規模とその構成諸要素との相関分析からは、世帯規模を大きくしているのは隷属農民と傍系親族（戸主のオジ・兄弟など）の存在であり、また二組以上の夫婦を有する世帯や三世代家族を有する世帯など、複合的な家族からなる世帯の比率が大きい場合であることが裏づけられている。世帯規模の縮小は、傍系親族と隷属農民の分離独立、あるいは消滅による、直系親族を中心とする小規模世帯化の進展によって実現したのだった。

同様のことは、十七世紀初期に平均世帯規模六・八人をもつ肥後国合志郡においても認めることができる。ここは当時、十の組と呼ばれる地域組織にまとめられていたが、諏訪地方と同様、平均世帯規模が一〇人を超える地域もあれば、五人を割る地域もあるというぐあいに地域差が大きかった。そして平均世帯規模の差は、表3に明らかなように、もっぱら世帯内に含まれる名子、下人などの隷属農民の多少にあり、血縁家族（直系親族）の規模はどこでも四人を少し超える程度で近似していた（鬼頭宏「徳川時代初頭の農民の世帯と住居」『数量経済史論集1　日本経済の発展』）。

婚姻革命

世帯規模の縮小はどのようにして大きな人口成長に結びついたのだろうか。この点については、合志郡と同じく細川氏の領有する肥後国玉名郡八ヵ村の、世帯内の地位別配偶関係が手がかりを与えてくれる。この史料によると、隷属農民の人口学的特徴は、血縁親族と比べて明らかにその有配偶率が著しく低かったことである。この点に関しては傍系親族も、家を継ぐ位置にいない直系親族（次・三男など）も同様で、人口再生産を担ったのはもっぱら直系親族だった。年齢別有配偶率を見ると隷属農民と傍系親族の多くは晩婚であり、あるいは生涯を独身で過ごす者が多かった。したがって、この人々が自立ないし消滅して減少することは、社会全体の有配偶率を高め、その結果として出生率の上昇に結びつく。世帯規模の縮小が進んだ十六・十七世紀は婚姻革命の時代でもあった。こうしてだれもが生涯に一度は結婚するのが当たり前という生涯独身率の低い「皆婚社会」が成立したのである。

小農民の自立

右に述べた世帯の変化は、いわゆる小農民自立と呼ばれる現象の一面にほかならない。人口成長は、隷属農民の労働力に依存する名主経営が解体して、家族労働力を主体とする小農経営へと移行する農業経営組織の変化と結びついていた。しばしば、太閤検地の歴史的意義は一地一作人制を推し進めて、小農民の自立をめざす政策だったと言われてきた。たしかに小農民自立の現象は十六・十七世紀の経済史を最も鮮やかに彩っている。歴史的因果関連は、しかしその反対であったろう。畿内に始まりその周辺地帯へと及びつつあった経営組織の変化を敏感にとらえ、小農経営を政治・経済の基盤にすえることに成功したのが、豊臣秀吉であり徳川家康であったと言うべきなのである。両人ともにその出身が尾張、三河という、まさに変化の最前線にあったことは、小農民経営に基礎を置く社会の建設を当然のこととして選ばせたのだった。

経済社会化

名主経営を解体させ、小農経営を中心的な経営体とするような変化は、十四・十五世紀に芽生え、その後十六・十七世紀に成長する市場経済の拡大によってもたらされたと考えられている。

前章でみたように、荘園制下の経済において、荘園領主の所領の管理運営に対する意欲と力は次第に衰え、自分の消費生活を満足させるにたる荘園年貢の確保にのみ関心が向けられるようになっていた。年貢はもっぱら現物か賦役であり、直接、領主によって消費されてしまう性質のものだった。そのような環境のもとでは、農民の生産目的は貢納と自給に限定されるから、生産意欲を刺激する誘因は乏しかった。強制と慣習に従う農業生産は効率的である必要はなく、したがって経営形態には、多数の隷属農民をかかえた名主経営から小規模な家族経営までさまざまなものが共存できた。換言すれば荘園制下の経済には一定の生産関数が存在しておらず、より多くの収穫を引き出すために規模の最適化を図る行動が見られなかったということである（速水融『日本における経済社会の展開』）。

市場経済の勃興は、荘園年貢の代銭納化の進展にみることができる。米、布、炭、材木等々の現物で貢納する代わりに貨幣（銭）で納めさせる荘園は、十三世紀頃から目につくようになり、十四世紀になるとその数はかなり増加した。それとともに各地に荘園内市場が簇生《そうせい》するようになった。二つの現象は相補いながら進行し、停滞的であった荘園制的経済循環構造は次第に変化し始めた。貨幣との接触は市場における交換を通じて利得の機会をもたらす。初めは荘園役人や在地領主など一部の人々に限定されていた貨幣との接触が、一般農民にも及ぶようになると、それは生産に対する大きな刺激となった。畿内の中心的都市のほかに、城下町、寺内町、港町などの都市的集落が増加し成長すると、その消費需要をめあてに、利潤獲得をめざす販売が農民の生産目的に加わった。生産量の拡大や生産効率の上昇を図るためにさまざまな努力が試みられ、農民はよりよい生産方法を求めて選択的に行動するようになった。経営形態の変化も、そのような対応の一つであった。衣食住などの費用がかさむうえに、勤勉な労働が期待できない隷属農民に依存することは、経済環境の変化に対応するには不適当だったのである。

おもしろいことに小農自立が進んだ時代には、人口一人あたりの農耕用役畜の数も少なくなっていった。この現象もまた、融通の利かない牛馬の労働に依存するよりも、惜しみない労働を家族労働に期待する方が水稲耕作にとっては有利であるという計算の結果であった。

人々がこのように経済合理性を重視した行動をとるような社会へ変化していくことを速水融は、経済社会化と呼んでいる。これこそ、人口成長の第三の波をひき起こした原動力であった。

生活革命と死亡率の改善

この時代の人口成長の主要因は婚姻構造の変化による出生率上昇にあったと言うことができるが、死亡率にも無視できない改善があった。たとえば「寛政重修諸家譜」から得られる旗本の平均死亡年齢は、一五六一～九〇年の出生者について四二・三歳だったのに対し、ほぼ一世紀を隔てた一六八一～一七一〇年の出生者では五一・三歳と、九歳も伸びている（コーゾー・ヤマムラ『日本経済史の新しい方法』）。のちに見るように、宗門改帳から推計された庶民の平均余命（出生時）はもっと短く、十七世紀には二〇歳代後半ないし三〇歳そこそこだったと考えられるが、十八世紀には三〇歳代半ば、十九世紀には三〇歳代後半へと着実に伸びている。

死亡率改善の原因は、医療・医薬の進歩であるよりは、十五～十七世紀における衣食住全般にわたる、日常的な生活水準の向上であったと考えられる。具体的には、サツマイモなどの新種作物の導入や生産力向上、流通の拡大、それに一日三食制の定着などの食生活の充実、木綿栽培の普及による衣類・寝具の改善、礎石屋や畳敷の普及に見られる住生活の向上であった。近世的な、あるいは伝統的な日本人の生活様式が形づくられる過程で、死亡率の改善が得られたのである。

3　人口史における十八世紀

ゼロ成長社会か

十七世紀には年率一％にも迫る勢いで増加した人口も、十八世紀に入ると停滞局面を迎えた。それは、土地生産物にあらゆる資源を求め、しかも少なくともエネルギー資源と食料に関してみれば完全に「鎖国」体制をしいた農業社会が、必然的に直面しなければならない事態だった。

生産量の指標として総石高をみると、一五九八年における一八五一万石は一世紀後の一六九七年には二五八〇万石へと飛躍的に増大した。積極的な新田開発と土地生産性上昇の結果であった。これとは対照的に江戸時代後半の伸びは小さく、一八三〇年の総石高は三〇四三万石にとどまった。ここからは、江戸時代後半の人口停滞を経済発展の行き詰まりの現われであるとみることができそうである。

図4　国別人口の変化（1721〜1846年）

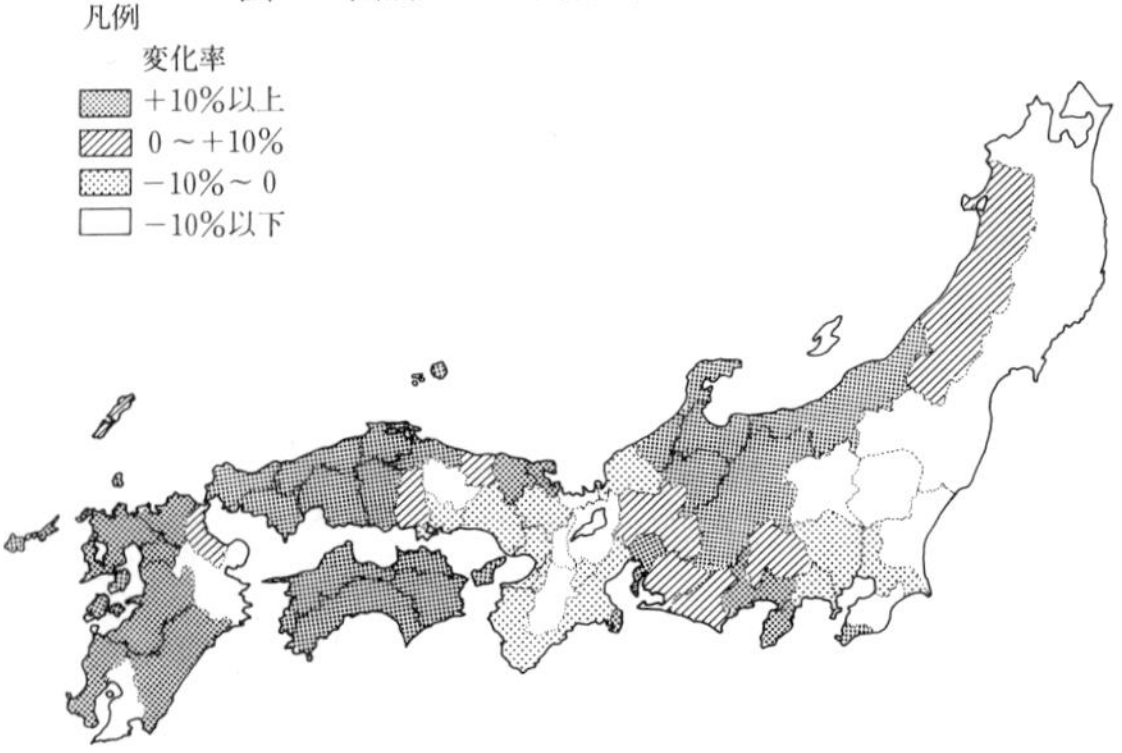

ひところの高校日本史の教科書には、領主によって重い貢租を賦課された農民は生活の向上を阻まれており、堕胎・間引が広く行なわれていたうえにたび重なる飢饉と流行病が襲ったことが、江戸時代後半の人口を停滞させたのだと書かれていた。しかし、このような解釈は本当に正しいのだろうか。地域人口の変動と、江戸時代の人口と経済の関係を、改めて見直してみることにしよう。

地域人口の変化

たしかに全国人口は江戸時代後半に停滞的ではあったが、外観とは反対に地域人口の動きはきわめて多彩であった。このことは一七二一年から一八四六年に至る国別人口変化を示す図4が雄弁に物語っている。百二十五年間に二〇％以上も人口が減少した国が、上野、下野、常陸と三ヵ国、一〇％以上減少した国が東北・関東・近畿地方を中心に九ヵ国あった。しかしその半面、二〇％以上の増加をみせた国が北陸地方と中国・四国・九州の西南日本を中心に十八ヵ国もあった。江戸時代後半の人口は、したがってプラス、マイナスさまざまな程度の地域人口の変化が合成されて出現した全く偶然の結果だったと言えなくもない。

多様性こそ前工業化社会の人口学的特徴の一つであるにしても、このゼロ・サム・ゲームは各地域にそれぞれ独立した事情によってもたらされたものなのだろうか、それとも何か共通する原因が一方には増加を、他方には減少をもたらすように働いていたのだろうか。

人口増加の要因としては、食糧資源の増加が考慮されなければならない。残念ながら江戸時代後半の耕地面積を正確に伝える資料はないが、一七二一年から一八八〇年の人口変化と延宝・享保期から一八八〇年の耕地面積増加の間には、予想される通り高い相関関係が成り立っていた。また新田開発の指標となる用水路開削・溜池築造・干潟干拓の工事件数を見ると、新田開発は十七世紀半ば、十七世紀末〜十八世紀初、そして十九世紀（幕末）に隆盛期があった。これにはさまれた二回の衰退期のうち、十七世紀末の場合は期間も短く程度も軽かったが、十八世紀の大部分を占める衰退期は長期にわたっただけでなく、その程度も大きかった。このように新田開発の長期波動は全国人口の推移とよく対応している（菊地利夫『新田開発』）。

右の観察からは、いかにも耕地拡大の余地がなくなったことが人口増加を規制していたかのように思われるが、事実は単純ではない。人口停滞が開発を停滞させたとみることもできるからである。人口と耕地面積は相互依存の関係にあったから人口増加した地域は、そこで大きな耕地拡大が可能だったからだとただちに結論することは困難なのである。

別の証拠がある。一七二一～一八三四年の人口変化と一六九七～一八三〇年の石高増加を対比させてみると、四国、北陸、東山、九州、東海、それに山陽と山陰を合わせた中国の諸地方は石高指数と一対一に近い人口指数を示すのに、近畿地方はそれより少しはずれ、東北と関東は一般的傾向から大きくはずれて、石高の増加にもかかわらず人口は減少している。

このことは、人口増加要因として耕地ないし石高の増加は無視できないが、江戸時代後半の人口変動の地域差を説明するには、人口減少要因を別に検討しなければならないことを意味している。

表4　地域人口の変動（1721〜1846年）

地域	全期間（%）	災害年（%）	平常年（%）	暖かさの指数（℃）	都市人口比率（%）
東奥羽(陸奥)	−18.1	−27.4	9.4	86.4	9.0
西奥羽(出羽)	4.0	−19.0	22.9	88.6	14.5
北関東	−27.9	−23.9	−4.0	103.2	6.1
南関東	−5.2	−10.9	5.7	117.2	27.9
北陸	17.6	−10.0	27.5	105.8	15.9
東山	13.2	−12.1	25.4	95.8	5.2
東海	10.5	−6.3	16.9	122.4	10.8
畿内	−11.2	−18.6	7.4	122.3	32.7
畿内周辺	−5.1	−14.3	9.1	117.0	10.4
山陰	23.6	−1.7	25.3	114.2	9.7
山陽	20.2	−1.0	21.2	120.4	8.8
四国	26.8	4.4	22.5	126.1	8.6
北九州	6.8	−2.0	8.8	129.5	9.2
南九州	23.6	12.2	11.5	135.0	8.2
合計	3.0	−10.3	13.3	114.1	13.3

（資料）速水融監修・内閣統計局編『国勢調査以前日本人口統計集成　別巻1』東洋書林。
（注）1）地域区分については表1を参照。
2）変化率は各期間の人口変動量の1721年人口に対する割合。
3）災害年は1721〜50年、1756〜92年、1828〜40年とした。
4）暖かさの指数は月平均気温5℃以上の月の気温から5℃を引いた値の積算値。各地域に含まれる国を代表する50都市の1941〜70年の平均気温より算出した。
5）都市人口比率は、明治8年『共武政表』に記載される5000人以上の「人口輻輳地」の人口の同年の地域人口に対する割合（%）。

人口減少要因

江戸時代の後半には、享保、宝暦、天明、天保、慶応などの各期に何度も大きな凶作が襲ったことが知られている。そこで表4には、蝦夷と琉球を除く六十八ヵ国を十四の地域にまとめ、それぞれ全期間・災害年・平常年に分けて人口変化率を示した。

災害年の人口変化率は、全部で一二年度分知られる国別人口から、享保・宝暦・天明・天保の凶作期を含む一七二一〜五〇年、一七五六〜九二年、一八三四〜四〇年の変化の合計を、一七二一年の人口で除して得られた。平常年の変化率は、全期間の変化率から災害の変化率を差し引いた形で計算されている。

全期間の変化率から見ていくと、東奥羽（陸奥）・北関東・南関東・畿内およびその周辺で減少したほかは、九地域で増加している。特に西南日本で増加率が高く、「西高東低」のパターンがはっきり認められた。その結果、八世紀以降、ほぼ直線的に東北方向へ進んできた人口重心はふたたび逆行してしまった。一七二一年の人口重心は琵琶湖東岸の長浜市にあったが、百二十五年後の一八四六年には湖を渡り、西岸の高島町へと移っている（社会工学研究所、前掲書）。

このパターンは、主として災害年における減少程度に強く影響されて生じたもののようである。災害年には全国で九・八％人口は減少したが、東北・関東・北陸・近畿で減少率は大きく、東山・東海と西南日本では小さかった。この時期ですら、四国と南九州では増加していた。

平常年の人口変化は全国人口でプラス一二・八％と、災害年における減少を十分に補っており、東北も含む大部分の地域で一〇％以上増加している。これらの地域では災害さえなければ、それからの回復過程における急速な増加を差し引いたとしても、人口は順調に増加しうる力を持っていたのである。しかし関東と近畿では事情が異なっていた。そこでは平常年でさえ人口増加率はかなり低く、北関東では八・六％も減少していた。

飢饉と疾病

災害年における人口減少理由の一半は、「暖かさの指数」が説明してくれる。暖かさの指数は、植物の生長にとって有効な摂氏五度以上の気温の積算値として計算されており、これが大きい地方ほど農業生産力は安定的かつ大であるといってよい。事実、災害年の人口変化率と暖かさの指数の相関は強く、江戸時代後半の人口減少が、より気温の低い地域で大きかったことを証明している（図5）。

図5　暖かさの指数と災害年人口変化率（%）

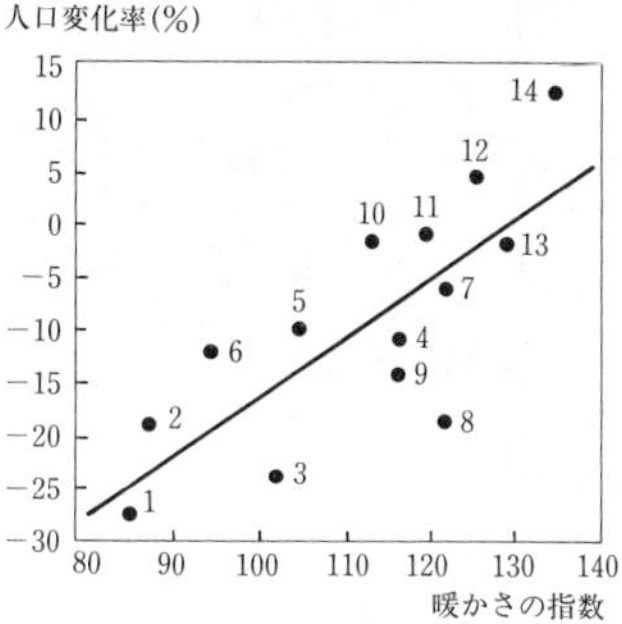

（資料）表4（番号は地域を示す）

　一八〇〇年を中心とする一世紀は、日本のみならずヨーロッパにおいても気候が極度に寒冷化した小氷期であった。一七三二年の享保の凶作はウンカを中心とする虫害であり、被害は西日本を中心にして現われたが、宝暦・天明期の凶作（一七五三〜六三年、一七八二〜八七年）と天保期の凶作（一八三三〜三六年）は、いずれも夏季の気温低下による冷害が主な原因だった。気候寒冷化の人口への影響が露わになったのは宝暦期からで、特に東北地方では一七五〇年代に大きく落ちこみ、天明期の凶作がこれに追いうちをかけた。

稲作にとって、夏季の高温多湿の亜熱帯気候はなくてはならないものである。ところが小氷期には、北太平洋高気圧が日本列島へ大きく張り出し、東北地方でヤマセと呼ばれる冷たい北東風を送りこんでくる。また冷夏にはジェット気流にも異変が生じ、日本付近に多くの低気圧を発生させて雨を降らすことになる。こうして、稲の生育・完熟期に、気温低下、日照不足、霖雨、洪水がもたらされて凶作がひき起こされるのである。

気候寒冷化の影響は、不作のもたらす飢饉だけではなく、栄養不足に乗じてさまざまな疾病を蔓延させることにより、直接、間接に人命を奪う要因となった。こうした影響を最も強く受けるのはその地理的位置からして、東北地方の太平洋側（陸奥）と北関東であった。反対に、もともと暖かさの指数が大きい西南日本では、被害は小さくとどまったのである。

十八世紀の寒冷気候が人口停滞の一因であることは、その影響が日本だけではなく東アジア一帯に拡がっていたことを予想させる。李朝朝鮮の戸口記録によると、李朝の人口は十七世紀における急成長のあと、十八世紀には六〇〇万人台で停滞しており、日本人口の動きと軌を一にしている。

蟻地獄としての大都市

図6　都市人口比率と平常年人口変化率（%）

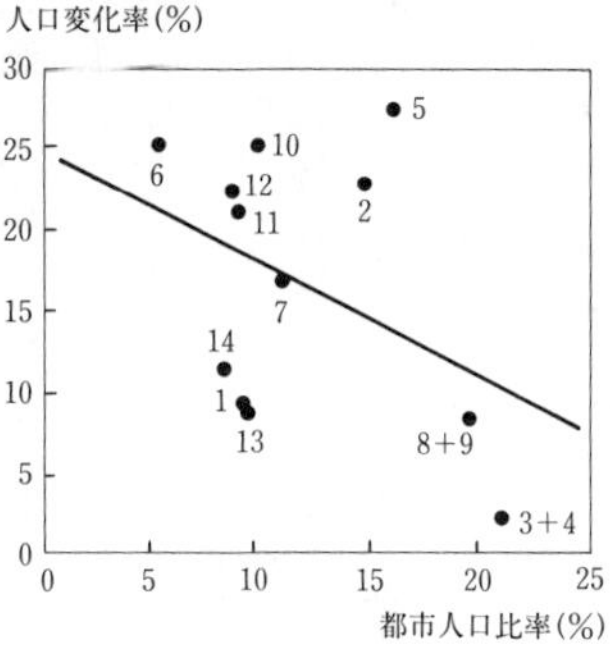

（資料）表4（番号は地域を示す）
（注）大都市の圏域を考慮して北関東と南関東を合して関東、畿内と畿内周辺を合して近畿とした。

人口変動におけるゼロ・サム・ゲームは、このように一部は地理的位置の違い、災害年と平常年間で展開されたが、もう一つ、都市と農村の間にも存在した。もう一度表4をながめると、北関東、南関東、畿内およびその周辺では平常年ですら人口増加率が低いことに気づく。この四地域に共通することは何だろうか。それは、江戸、大坂、京都といった大都市をかかえているか、それに隣接していることである。

江戸時代の都市人口がどれくらいだったのか正確に知ることができないが、明治八年版『共武政表《きょうぶせいひょう》』によると人口五〇〇〇人以上の都市人口比率は全国で一三％であった。地域的には東山の五％から畿内の三三％まで幅広い分布を見せるが、表にない北海道の三四％を別にすると、関東（北関東・南関東）の二一％と近畿（畿内とその周辺）の一九％は他のどこよりも群を抜いて高い。関東と近畿をそれぞれ一地域として十二地域の平常年人口変化率と都市人口比率の相関を示す図6からも、大都市の存在が地域人口の増加にとってマイナスの作用を及ぼしていたと見ることができるだろう。これも前工業化社会に共通な人口学的特徴であった。

都市の存在がなぜ人口増加を阻害するかという点については、第六章で詳しく論ずるが、結論を言うなら、都市の高い死亡率と低い出生率に原因があった。その結果、都市内部において人口を再生産することが不可能となり、人口を維持するために周辺農村からの不断の人口流入を必要としたのである。そして都市へ吸い寄せられた人口は、農村よりも高い死亡率の危険に囲まれていた。

都市は人を喰う「蟻地獄」（速水融）のようなものであった。こうして、経済発展の象徴ともいうべき大都市をかかえる地域ほど、人口増加が起きにくいという皮肉な現象が出現したのである。

4　人口停滞の経済学

第三の波の終焉

これまでのところで、江戸時代後半を、一概に飢饉や領主の搾取《さくしゅ》が人口停滞の原因であると決めつけることができないことは明らかであろう。さまざまな地域の、また異なる時期の、正負さまざまな程度の人口変化が、全国的に合成されて出現した「停滞」であった。しかも、全国人口が明らかに停滞的だった十八世紀と、新しい循環過程に入った化政期以後を区別して考えるべきである。人口動態から見ると、十八世紀は次の時代への変化の芽をはらみつつも、一つの体系が完成した時代であった。

マルサスの罠

日本の人口が著しい停滞状態にあったちょうどその頃、イングランドのひとりの経済学者が、現在でも強い影響力を持ちつづけている『人口論』を著した。マルサス(T. R. Malthus)である。マルサスは両性間の情熱は不変であり常に増加する傾向をもつが、人間の生存にとって不可欠な生存資料（食糧）の増加はそれより緩慢でしかない。あるいは限界生産力は逓減的であるから、人口増加につれて必然的に生活水準は低下し貧困に陥らざるをえないと考えた。しかしそれ以下では生存できない最低限の水準、すなわち最低生存費水準というものがあるから、これを超えて人口は増加しつづけることはできない。したがって最低生存費水準に至ると、貧困が疾病、飢餓、捨て子、嬰児《えいじ》殺し、堕胎、犯罪、あるいは戦争を招き、死亡率を高めて人口増加を「むりやり」押しとどめることになる。こうして、長期的には最低生存費水準に均衡する出生率と死亡率の組み合わせが達成されて、人口は増えも減りもしない状態になるとマルサスは説明する。これが「マルサス的均衡の状態」あるいは「マルサスの罠」と呼ばれる均衡状態である。

マルサスの罠に捉えられた社会では、所得はすべて人口を維持するだけのために消費されてしまい、貯蓄＝投資の余裕はない。したがって、いつまでも所得水準が最低生存水準に固定されたままにとどまらざるをえないことになってしまう。たとえ耕地拡大や技術変化が一人あたり所得を一時的に押し上げたとしても、このような傾向をもつ社会では、すぐに人口増加がひき起こされて生産増大の効果は相殺されてしまうであろう。工業化される前の低開発社会の状態は、一般に右のように説明されている。それでは十八世紀の日本でも、貧困によってむりやりに死亡率が高められる「積極的制限」が働いて人口が停滞させられていたのだろうか。

予防的制限

別の解釈も可能である。人口増加に対する妨げはなにも積極的制限だけに限らない。出生の抑制に結びつく結婚後の産児調節と結婚の延期という「予防的制限」があった。マルサスは産児調節を不道徳をともなう罪悪としてこれを認めず、結婚の延期こそ道徳的抑制であると考えたが、二つながら生まれる前の抑制という意味では「予防的な」効果を持つ。

積極的制限はすでに起きてしまった均衡水準を超える人口増加を制限するのに対して、予防的制限は将来予想される生活の悪化に備える行動である。予防的制限はより早い時点で作動を始め、出生率を低下させて、より早く死亡率との均衡を達成させるだろう。そのとき到達する人口規模は積極的制限によって達成される均衡水準より低くなる。したがって積極的制限だけが作動した場合と比べ、はるかに高い一人あたり所得水準を確保することができる。一見同じような人口停滞にあっても、それが積極的、予防的いずれの制限によってもたらされたかにより、経済的帰結にはきわめて大きな差がつくのである。

江戸時代後半の経済発展

従来、十八世紀は幕藩制経済が行き詰まって前世紀に見られた高度成長が不可能になった時代であり、過剰になった人口が飢饉や堕胎・間引によって淘汰されたとする、マルサスの罠の存在を強調する意見が、支配的だったように思われる。しかし最近の歴史人口学研究や「新しい経済史」研究の成果は、この通説に批判的な仮説を提示している。二、三とりあげてみよう。

まず江戸時代の人口、耕地、資本、石高の量的変化をマクロ・レベルで検討した宮本又郎は、中期以降、低い人口成長率と相対的に高い一人あたり農業産出高水準が結びついていたと結論している。宮本の見解によれば、十七世紀から十八世紀への変わりめの頃、耕地と人口との間に緊張が生じ、マルサス的チェック（積極的制限）が現われる可能性があったが、意識的な人口抑制がそれを回避したことによって、一人あたり所得水準を維持しただけではなく、それを高めることに成功したのである（「一人当り農業産出高と生産諸要素比率」『数量経済史論集1　日本経済の発展』）。

幕末の民間経済が決して破綻したものではなく、相当高い一人あたり所得水準を享受していたことは、天保期長州藩の「藩民所得」推計が明らかにしている（西川俊作

『江戸時代のポリティカル・エコノミー』）。それによると幕末の長州藩民は、最低生存費水準に甘んじていたのではなく、はるかに高い一人あたり所得を得ており、かなりの「貯蓄」を可能にするほどであったという。

とすると、十八世紀の低い人口成長率は、経済停滞によって余儀なくされたものではなく、反対にそれは、江戸時代後半の「経済発展」を可能にするような余裕を作り出していたのかもしれないのである。

宗門改帳の分析から江戸時代の堕胎・間引の行動を検討した人々のあいだからも、右の考えを積極的に支持する仮説が提出されている。すなわち堕胎・間引は、困窮の結果の行為というよりは、むしろ広義の産児制限に含まれる性質のものと見るべきだというのである。

倫理的問題は別にして経済的帰結は明白だった。出生制限が農民の間で広く行われたことが、マルサスの罠に陥ることから回避させて、江戸時代後半の一人あたり所得水準の維持向上を可能とした。このことこそ、十七世紀の出発点では似たような状況にあったにもかかわらず、十九世紀には、工業化の達成において日本が中国よりもずっと先んずることとなる原因でもあった（Nakamura and Miyamoto "Social Structure and Population Change", *Economic Development and Cultural Change*, 30-2）。

本節で紹介してきた見解のすべてが証明済みというわけではない。しかし、江戸時代後半の人口と経済に関する通説に疑いをいだかせるだけの役割を、十分に果たしているというべきだろう。

僅か百年ほど前までのことなのに、江戸時代と明治前期の人口史には、まだよくわからないことが多い。幸い江戸時代は史料の宝島といわれるほどに、人口について教えてくれる史料は豊富に存在している。それをもとに、過去十数年間に人口史研究は大いに進展した。これまで蓄積されてきた歴史人口学の成果はまだ雑然としているが、これをもとに、複雑に絡みあった人口と社会・経済を結ぶ糸を解きほぐす作業を、次章以下でさらに進めることにしよう。

第四章　江戸時代人の結婚と出産

1　追跡調査

宗門改帳

人口成長の波は国外との間に人口移動がない江戸時代には、出生率と死亡率の組み合わせが変化することによって生じたものにほかならない。江戸時代前半の成長と後半の停滞は、したがって人口動態の大きな変化があったということである。いわば近世の人口転換であった。この変化の中で、ひとりひとりの人間はどのような人口学的な一生を送ったのだろうか。江戸時代の農民は、土地に縛りつけられており移動は自由ではなかったとされている。また女性は早婚で、十代のうちから母親になるのも珍しくなく、しかも生涯に大勢の子を生んで、その一生を出産と育児に追われたものだといわれている。

これらの通念は事実なのだろうか。江戸時代の人々の一生の長さは、どれくらいだったのだろうか。

ひとつの人口集団が、年々の死亡・転出による人口の損失を、出生と転入によって補い、人口規模を維持していくことを人口の再生産という。本章と続く二つの章では、十七〜十九世紀において男女が何歳で結婚し、結婚期間を通じて何人の子を生み育てていったのかを、夫婦の行動追跡調査によって見ることにしたい。個々の夫婦レベルの行動が、集団レベルの人口再生産をいかにして実現していたのかということが、解明されるべき課題である。

第三章で述べたように、前工業化社会の民衆の人口学的行動を探るために、最も役に立つのは宗門改帳である。一冊一冊の宗門改帳には、世帯員の名前、戸主との続柄、性別、年齢が記載されているにすぎないが、調査は原則として毎年実施されたから、連年の記録をつなげることによって、誰がいつ現われ、いつ、何歳で姿を消したのかを知ることができる。異動が生じた場合には、しばしば改帳の余白への書込み、付箋の貼付、あるいは別個に増減帳を作成するなどのかたちでそれが示された。このような情報も加えて、宗門改帳の記載内容を世帯単位に一枚のシートに書き込むことによって、年ごとの異動を一目瞭然に知ることができる。このようにして、二十五年を単位に作られたものは基礎データ・シート（BDS）と呼ばれ、すべての人口統計がこれをもとに作成される。

基礎データ・シートからは、さらに個人、夫婦、世帯ごとの行動記録が別のシートにまとめられる。ここでは人口再生産に関係する夫婦の行動調査法について説明しておこう。

家族復元

宗門改帳を人口史料として利用することは戦前から行なわれていたが、右のような組織的利用方法は、速水融によって一九六〇年代に確立されたものである。二十五年単位の基礎データ・シートの発明自体画期的だったが、江戸時代の人口研究を歴史人口学の域へと進めさせたのは、なんといっても「家族復元」法の採用であった。

欧米における近代的センサスは、十八世紀末から十九世紀初頭にかけて始まる。それ以前の人口状態を伝える史料の一つに、キリスト教会の教区簿冊（小教区帳簿）があった。イギリスでは一五三八年から全土の国教会で教区簿冊が作成されるようになった。フランスでは全国で実施されることになったのは、ルイ十四世による一六六七年の王令以後のことであった。家族復元法（family reconstitution method）はこの教区簿冊を利用するために、もともとヨーロッパで開発された技法である。

教区簿冊（parish register）というのは、教会がその教区民の洗礼、婚姻、埋葬の儀式を司ったさいに、当人の名前とともに、両親や配偶者の名をとどめた記録である。ふつう日付の順に記録されているから、出生、結婚、死亡の事象をそれぞれ集計して、発生件数の年次変動をみることは困難ではない。しかし、より詳細な人口学的行動、とくに結婚と出産などの人口再生産に関するデータを得ることは、そのままでは不可能である。

追跡調査を行なうには、個々バラバラに、日付にしたがって記録されている事柄を寄せ集める必要があった。同一の姓名を手掛りに一人の人の出生から死亡にいたる一生を再構成し、さらに親子、配偶者の名をつなぎ合わせて夫婦家族を復元するのである。ゲームの家族合わせと同じだが、気の遠くなる作業が必要とされる。こうして情報は結婚の記録を出発点として、夫婦ごとにＦＲＦ（family reconstitution form 家族復元用紙）にまとめられる。一九五〇年代にフランスで開発され、のちにイギリスへ導入されたこの研究法が、開発者の名をとってアンリ＝フリュリ（Henri-Fleury）法、一般にはその作業内容から家族復元法と呼ばれるものである。フランスにおける歴史人口学の成立と発展の経緯については、藤田苑子によって詳しく紹介されているので参照されたい（藤田苑子「解説」、ピエール・グベール『歴史人口学序説――十七・十八世紀ボーヴェ地方の人口動態』）。

家族復元法は教区簿冊の応用に新しい道を開き、歴史人口学の知識をきわめて豊かなものにした。イギリスではケンブリッジ大学の研究グループが地方史家の協力を得てイングランドの四〇四教区の教区簿冊を利用した成果が、『イングランド人口史(E. A. Wrigley and R. S. Schofield, *The Population History of England 1541–1871*)として一九八一年に発表されている。わが国でも一九八二年に、『イギリスの人口と経済発展』と題する研究書が安元稔によって著された。教区簿冊を利用した研究は、現在では世界各地で地域史研究に欠くことのできない基礎として広く行なわれるようになっている。

宗門改帳とFRF

日本の宗門改帳はもともと世帯ごとに調査されているのだから、家族の「復元」など必要とはしない史料である。それなのにあえて家族復元法を適用したのは、夫婦を単位とする人口学的行動を明確に把握しようとしたからにほかならない。さらに宗門改帳には教区簿冊にはない利点がある。夫婦や親子関係という意味の家族だけでなく、居住集団としての家族、世帯を把握できるうえに、村落人口、年齢構造などの母集団に関する情報がえられる、戸籍型資料であることである。古代中国から存在する戸籍型資料は東アジア諸地域には珍しくないが、世界的には実は一般的ではない。通常の出生率、死亡率、結婚率のほかに、容易に年齢別死亡率を算出でき、外部との人口移動について情報をえることも可能なのである。

ここで一組の夫婦に登場してもらおう。信濃国湯舟沢村（現・岐阜県中津川市）の八郎・なべの夫婦である。夫八郎は、戸主伝七の弟で初婚。妻のなべは落合村に生まれたが、父の死亡によって母と共に当村へ戻ったもので、やはり初婚である。結婚したのは一七四五年、あしかけ四十一年をともに過したのちに一七八五年に八郎の死によって結婚は終了した。

なべは二一歳で嫁いで以来、四二歳に至るまでに七人の子をもうけた。うち三人の女子は夭折したが、四人は無事に成人して女子は隣村へ嫁し、三人の男子はいずれも村内で配偶者を得たことが記されている。村内で結婚した子どもについては、別個にFRFが作成されているから、これをたどることによって、世代を追っての出産行動の観察が可能となる。

八郎・なべ夫婦は、妻の再生産年齢の上限（ここでは五〇歳）まで結婚が持続した完結家族（completed family）である。湯舟沢村では一六六一〜一七四〇年出生の妻の結婚組三五二のうち、完結家族は四一％（一四三組）、五〇歳未満で結婚が終了したケースが五九％（二〇九組）だった。八郎・なべ夫婦は幸運な四割に属していた。

宗門改帳の信頼性

なべは一六〜五〇歳の再生産年齢における結婚継続期間二九・五年に、七人の出生児を得た。したがってこの期間の一年あたり出生率は〇・二三七、すなわち約四年に一回の割で出産していたことになる。なべは、この村では多産なほうであった。しかし実際に出産回数は七回だけだったのだろうか。なべの例に限らず、この村のFRFには多くの幼児死亡が記録されているのに、ほとんど乳児死亡がないのはどう考えても不自然である。

実はこの点が、宗門改帳の人口史料として最も問題になるところである。宗門改帳に記録されるのは、調査時点に在住または在籍している者だけであり、前年の調査日以後に出現（出生・転入）し、当年の調査日以前に消滅（死亡・転出）した者は調査の対象にされない。したがって出生児のうち、初めての宗門改めが行なわれる日までに死んでしまった者は、記録に全く残らないのである。乳児死亡率が高ければ高いほどこの種の脱漏は多く、そのぶん出生力が低く評価されることは明らかだろう。しばしば、宗門改帳から計算された出生率が前近代のものとしては異常に低いと言われるのも、そのためである。このなべの場合も、実際にはもっと多くの出産を経験していたにちがいない。

江戸時代の乳児死亡がどの程度の頻度で起きていたのかについて、全く知る手掛りがないわけではない。乳児死亡による出生の過少登録はだいたい二〇%、またはそれ以下と推定されるが、それについては後に触れることにして、ここでは乳児死亡の脱漏を宗門改帳の免れることのできない史料的制約として指摘しておくにとどめておく。以下、湯舟沢村における一六七五年から一七九六年の一世紀間に観察された、江戸時代庶民の人口学的行動の追跡調査を中心に、結婚と出産、そして子どもの成育についてみていくことにしよう。

2 結婚

有配偶率

人口再生産にとって最初の関門は、結婚によって、子を育てる場としての家族が形

表5　世帯内の地位別にみた配偶関係（信濃国湯舟沢村、16歳以上）

分類		1675年				1771年			
		人数	有配偶	離死別	未婚	人数	有配偶	離死別	未婚
男	直系家族	100人	54%	7％	39%	135人	69%	8％	23%
	傍系家族	21	38	0	62	50	46	6	48
	隷属者	15	33	0	67	15	60	7	33
	合計	136	49	5	46	200	63	7	30
女	直系家族	76人	70%	9％	21%	129人	72%	22%	6％
	傍系家族	15	53	0	47	44	52	16	32
	隷属者	16	31	0	69	14	64	7	29
	合計	107	62	6	32	187	67	19	14

成されることである。

十六・十七世紀は、婚姻革命と呼んでよいほどの大きな変動が起きた時代である。それ以前と比べて、有配偶率、つまり結婚している者の比率が著しく高まった。その理由は、第三章で述べたように、小農民自立の過程で配偶者を持つことの少なかった隷属農民が消え、家族形成が進んだことにあった。

十七世紀から十八世紀にかけて、有配偶率がどのように変化したのかを、湯舟沢村の例がその片鱗をうかがわせてくれる。木曽の最南端に位置するこの村には、十七世紀初期の肥後農村ほどではないが、十七世紀末期になっても比較的多数の譜代下人が存在していた。一六七五年には全世帯の三分の一が下人を抱えており、人口比では一三％を占めていた。

しかしここでも一世紀後の一七七一年には下人を持つ世帯は五％に、下人人口も七％に減少する。この間に平均世帯規模は九・〇人から七・二人まで縮小した。

このような世帯規模と人口構成の変化を背景に、有配偶率、既婚率は上昇した。一六歳以上の人口の有配偶率と離死別を合算した既婚率は、男性全体で五四％から七〇％へ、女性で六八％から八六％へと、ともに一五ポイント以上も高まったのである。

隷属家族の自立と傍系親族の分家による有配偶率の上昇は、全国的に生じたと考えられている。こうして十八世紀までに、人口の大部分が生涯に一度は結婚を経験することを慣行とする「皆婚」社会が出現することになった。ヘイナル（J. Hajnal）は、ロシアのレニングラード（現・サンクトペテルブルク）とイタリアのトリエステを結ぶ線の西側には、晩婚と高い生涯未婚率を特徴とする「ヨーロッパ型結婚パターン」があることを見出している。この点で江戸時代の日本は、同じ前工業化社会ではありながら、生涯独身者が高い割合で存在する西ヨーロッパの中核地帯とも、東欧とも全く異なる人口学的特徴をもつようになった。この現象は、後章で見るように家の存続を重視する直系家族制の定着と関連しているが、その結果、有配偶率を通じて出生をコントロールする社会的規制力は縮小し、代わって結婚後の夫婦による出産調節が重要になった。統計的にも江戸時代中・後期には、有配偶率と出生率の相関関係は弱まる傾向が認められている。

ただし右に述べてきたことは、有配偶率が変化しなかったということではない。有配偶率は初婚年齢、離死別の頻度、性比、人口の年齢構成などによって上下する。一般に高年齢層のそれは離死別の頻度が影響し、若年齢層では経済環境の変化による初婚年齢の上下によって影響を受けたからである。

結婚年齢

江戸時代の男女はかなり早婚だったと言われる。たしかに初婚年齢が女性で二七歳に、男性が二八歳に近づきつつある現在からみればそのとおりである。しかしそれは女子にはあてはまるけれど、男子の初婚年齢は一般に現代の水準に近かった。中央日本の農村では、十八・十九世紀における長期的な平均初婚年齢は、男二五〜二八歳、女一八〜二四歳の間にあった。夫婦の年齢開差はふつう五〜七歳、男が年上で現在よりもかなり大きかった。しかし江戸時代の初婚年齢は地域や階層などによって、非常に大きな差があったことがわかっている。女性の初婚年齢について十八・十九世紀の各地の農村を比較してみると、陸奥国の村々で著しい早婚であった。三つの村の平均で一六・二歳、最も早婚の下守屋村ではなんと一四・三歳であった。最も晩婚の地方はいまのところ長門国紫福《しぶき》村の二二・七歳である。尾張国神戸新田の二一・八歳がこれに次ぐ。西日本の研究が遅れているので確実なことはいえないが、江戸時代後半の結婚年齢は「西高東低」の傾向があったようである。少なくとも、東北と関東は早婚傾向が強く、反対に中部日本の濃尾地方周辺ではそれより三年から五年は晩婚であったことは確かである(鬼頭宏「前近代日本の出生力――高出生率は事実だったか」『上智経済論集』三六巻二号)。

この地域差が何によるものなのかはまだはっきりしない。労働力の確保であるとか、足入れ婚のような試験的な結婚であるとか、さまざまな解釈がある。しかし確実なことは、出生力が低い地域では早婚になる傾向があること、そして早婚地域では女性の最終出生年齢が低く、三〇歳台前半の若いうちに出産しなくなるのに対して、晩婚地域では四〇歳近くになるまで出産していたということである。それともうひとつ重要なことは、早婚地域も晩婚地域も例外なく、十八世紀から十九世紀にかけて、女性で三歳程度、初婚年齢が上昇していたことである。晩婚化の程度はわずかではあるが、出産一回を減らすことになった。

平均初婚年齢は、一般に江戸時代を通じて上昇する傾向にあったようである。濃尾地方農村(四十三ヵ村)はその一例だが、そこでは十七世紀第三・四半期から十九世紀第三・四半期までの二世紀間に男子で約二歳、女子では三歳の上昇が見られた。

初婚年齢の階層差は明瞭であり、しかも女子において著しかった。美濃国浅草中村（一七一六年以後出生で一八三一年以前に結婚した者）では、石高一八石以上の上層農民の初婚年齢は男二六・七歳、女一七・六歳だったのに対し、下層農民（四石以下）では男二八・二歳、女二二・六歳と、男子における差は僅かだったが女子では五歳もあった（Smith "Nakahara"）。同様の現象は濃尾地方六ヵ村（一六七六〜一八七一年）でも見られ、男性においては階層間格差はほとんどなく平均二八歳だったのに対し、女性では一〇石以上の上層で一八・七歳、下層（二石以下）で二一・一歳となっている（速水融『近世濃尾地方の人口・経済・社会』）。

柳田国男は、「女の勤労の高く評価せられる階級では、自然に嫁入は出来るだけ遅くさせようとする力が働いた」と書いている（『婚姻の話』）。嫁入は労働力の放出を意味したから、女性の結婚は、生家の家族労働力の状態や経済力に左右されたのだ。その証拠のひとつとして、女性の初婚年齢の階層差は出稼率のちがいがもたらしたという美濃西条村（一七七三〜一八二五年コーホート）の例をあげることができる。ここでは初婚年齢は地主層の男二七・四歳、女二一・六歳だったのに対し、小作層では男二七・九歳、女二四・〇歳だった。一方、女性の出稼経験者の初婚年齢は二五・九歳で非経験者の二一・五歳よりも四歳以上遅い。出稼経験者同士、あるいは非経験者同士では階層差は認められなかったから、結局、下層農民女性の初婚年齢を遅らせたのは、出稼経験者が多いためだった（速水融、前掲書）。

西条村でも、男性の結婚年齢は階層間でも、出稼の有無によってもほとんど差がない。これは男性の結婚のタイミングが女性と異なっていたことを意味する。男性の場合、結婚は家の継承との関連で決定され、たとえば父親が六〇歳前後で隠居するまでに跡継ぎが結婚するというような、家族周期の一定段階が結婚の適齢期とされていたのであろう。

一般に経済状況は男性の初婚年齢を大きく変動させ、反対に女性の初婚年齢は再生産に影響を与えると考えられる。しかし、高い有配偶率を背景に、親と家を継承する子の家族が同居する、直系家族制が支配的な江戸時代の農村では、結婚は経済的独立と同義ではなかった。また、家の存続のためには、一定数の子を出産しなければならないという要請も強かったから、農民の上・中層では後継要員の確保という要因が優先し、経済的要因に応じて初婚年齢が動く幅は敏感に反応する西ヨーロッパ社会よりも狭かったと考えられる。

結婚の持続期間

婚姻は夫または妻の死亡と離婚によって終わる。したがって平均余命が短い江戸時代には、夫婦が共に暮す期間は現代よりずっと短かったはずである。離婚を考慮に入れなければ、結婚時の平均余命から有配偶年数は三〇～三五年になるはずである。しかし実際に観察された有配偶期間はどこでもそれより短かった。長いほうに属する信濃国横内村（前期＝一六七一～一七五〇年）の二七・七年から飛騨高山（市外出生の妻）の八・九年という短命な例まで、かなり大きな地域差があった。

地域差は、死亡率の違いよりはむしろ離婚率の高さに原因があった。結婚の終了理由のうち離縁の占める比率は横内村（持続期間前期二七・七年、後期二三・四年）一一％、湯舟沢村（同二二・七年）一五％、濃尾農村（同一九・〇年）一六％、陸奥国下守屋村（同一九・〇年）三五％と、持続期間と離婚の率は反比例している。濃尾農村の場合は妻の死亡と離縁を区別できないケースが多数あるので、実際の離婚率はもっと高かった可能性がある。平野部農村や都市部のように、就業機会に恵まれ、人々がより流動的な地域において、持続期間が短いことも、離婚率の高さとの関連を想像させる。

伝二郎の結婚

湯舟沢村の八郎・なべ夫婦が四十年もの長い期間を、無事に共に過ごすことができたのは、平均余命の短い江戸時代にあってはまことに幸運であった。これにひきかえ、同じ湯舟沢村に生まれた伝二郎（のちに与兵衛と改名）の結婚は対照的に、波乱に満ちたものだった。

伝二郎は一七三九年に二一歳で初めて妻を迎えた。相手は村内のしわという名の少女で、年は一五歳という若さだった。しかしこの結婚は長続きしない。伝二郎は翌一七四〇年に、しわを離縁してしまったのである。実家へ戻ったしわは、一年後の一七四一年に、村内の別の家へ一七歳で嫁いでいる。

一方、伝二郎は離婚二年後の、一七四二年に、隣村馬籠《まごめ》村から一九歳の娘を嫁に迎えた。新しい妻の名前は知られていない。年齢から見て、おそらく初婚と思われる。二回目の結婚も妻の離縁により短期間で終了し、一七四四年に伝二郎の女房は生家へ戻った。伝二郎が二人の妻と別れた理由は明らかではないが、どちらの場合も、子どもは生まれていない。

与兵衛と名を変えた伝二郎は、一七五一年に三回目の結婚をする。三人目の妻は村内のたけ、一八歳で初婚である。この結婚では五年目に男子与藤次が生まれたにもか

表6　結婚持続期間と終了理由
（信濃国湯舟沢村、1701～50年結婚コーホート）

理由＼期間(年)	1	2	3	4	5	6～10	11～15	16～20	21～25	26～30	31～35	36～40	41～45	46～50	51以上	合計	平均年数
夫の死亡	1	1			1	3	7	7	6	9	9	13	4	6	8	75	31.0
妻の死亡	3	4	2	1	1	7	4	11	4	4	1	7	3	1	2	55	20.3
夫・妻の死亡								1			1			2	3	7	43.3
離縁	9	5		3	2	5	2									26	4.0
その他・不明	3	2			1	1		1								8	5.0
合計	16	12	2	4	5	16	13	20	10	13	11	20	7	9	13	171	22.7

（注）期間不明（22件）を除く。

かわらず、一七五七年には離婚してしまう。たけは子どもを夫の家に残して実家へ戻ったのち、一七五八年に二五歳で近村手賀野村で再婚した。

伝二郎は四人目の妻を、三回目の離婚直後の一七五八年に、近村瀬戸村から迎えた。二六歳、結婚歴は不明である。しかしこの結婚も「短命」であった。翌年、妻は実家へ戻った。先妻のもうけた与藤次は新しい妻のやってきたのと同じ年に、四歳の短い一生を閉じている。

五回目の結婚はおそらく離婚直後になされたのだろう。一七五九年に隣村山口村の二六歳の妻を迎えた伝二郎は、四一歳となっていた。今度の結婚は六年間続き、男子十太郎をもうけたが、またまた一七六五年に離婚してしまった。

伝二郎の最後の結婚は一七六七年、四九歳の時であった。残りの生涯をともに過ごすことになる妻は山口村出身の三四歳の女性である。結婚の翌年、女子あきが生まれた。今度こそ伝二郎は安定した夫婦関係を得ることができたのであろう。結婚は十五年続き、伝二郎の死亡によって終了した。伝二郎六四歳、女房四九歳の一七八二年のことだった。

結婚の行方

すでにわれわれは、八郎・なべ夫婦と右の伝二郎の場合を例として、きわめて対照的な結婚を垣間見たのだが、平均的な姿はどのようだったのだろうか。湯舟沢村の場合で、結婚の行方を追ってみることにしよう。表6によると、結婚の持続期間の分布は一年以下が最も多く九％もあり、次いで二年以下が多い。五年以下で結婚が終了した夫婦が全体の四分の一も占めていて、平均的な持続年数を示すこの村でも、短命な結婚が非常に多かったことがわかる。

持続期間五年以内の終了理由で最も多いのが離縁で、次いで妻の死亡がくる。離縁は大部分が結婚初期に集中しており、一〇年を過ぎると離縁はまれになった。離縁の

表７　離死別後の行動（信濃国湯舟沢村）

男（1685〜1735年出生）					女（1685〜1746年出生）				
年齢	再婚せず	再婚	合計	再婚率(%)	年齢	再婚せず	再婚	合計	再婚率(%)
21〜25	0	5	5	100	11〜15	0	3	3	100
26〜30	2	15	17	88	16〜20	0	6	6	100
31〜35	2	13	15	87	21〜25	2	9	11	82
36〜40	5	12	17	71	26〜30	4	7	11	64
41〜45	2	10	12	83	31〜35	5＊	3	8	38
46〜50	5	5	10	50	36〜40	10	1	11	9
51〜55	7	2	9	22	41〜45	4	3	7	43
56〜60	6	0	6	0	46〜50	11	0	11	0
61以上	12	0	12	0	51以上	40	0	40	0
合計	41	62	103	60	合計	76	32	108	30

（注）＊不明の１名を含む。

場合の平均持続期間は四年ときわめて短い。したがって離婚率が高いということは、平均持続期間を著しく短縮することにつながるのである。

結婚後一〜二年の間の離婚確率が高いという特徴は、現代の日本でも認められている。江戸時代は嫁の立場は弱かったとされるが、湯舟沢村の場合、すべて妻が離縁されたケースだった。「三年子無きは去れ」という俚《り》諺《げん》もあるが、離縁の理由まで知ることはできない。離縁した二十六組の夫婦のうち、十一組に出産経験があり、うち九組には離縁時にも子どもがいた。九人の夫すべてが、子の全員または一部を引取ったが、妻が子の一部でも引取ったのは二例にすぎなかった。いわゆる「三くだり半」と呼ばれる離縁状を集めて分析した研究は意外な事実を教えてくれる。これまではたった一枚の紙切れで家を出される嫁というイメージでとらえられていたのだが、実は少なからぬ数の離縁状が、離婚して再出発を期した妻の側の要請によって書かれたものであるという。つまり「三くだり半」は、婚家を離れた嫁が、再婚する自由を保証したものであった（高木侃『三くだり半――江戸の離婚と女性たち』）。

結婚後一〇年以内に妻の死亡による解消の多いことも江戸時代の特徴である。一〇年以内の妻の死亡は夫の三倍あるが、明らかにそれは出産にともなう妊産婦死亡率が高かったことに原因がある。二〇年を過ぎると、反対に夫の死亡が増加するのは、妻の死亡率が下がって平均余命が夫を上回るためである。こうして、若い夫婦では妻を失う夫が多く、持続期間が二〇年を超える高齢層では夫を失う妻が多くなる。

離死別後の夫または妻の行動は、男女間および年齢で大きく異なっていた（表7）。男性では四五歳以前、女性では三〇歳以前に離死別した場合、八割以上が再婚した。しかしこの年齢を過ぎると再婚率はいっきょに低下し、男性は五五歳、女性は四五歳を過ぎると皆無だった。再生産年齢の男女の有配偶率を高く維持しようとする社会的要請がそうさせたものと考えられる。簡単なシミュレーションを行なってみるとそのことがよくわかる。湯舟沢村で再婚がまったく起きなかったとすると、夫婦一組

表8　出生児数別にみた夫婦組数の分布
（信濃国湯舟沢村、1731～65年コーホート）

分類	出生児数（人）										平均出生数
	0	1	2	3	4	5	6	7	8	9	
完結家族	1	3	7	6	13	19	11	7	2	2	4.66
非完結家族	24	25	12	11	8	7	2	1	0	0	1.87
合計	25	28	19	17	21	26	13	8	2	2	3.10

あたりの出生数が減るのはもちろん、村の次世代の人口再生産が不可能であった。ところが再生産年齢の女性が一〇〇パーセント再婚しなくても、湯舟沢村で実際に発生した確率で再婚が行なわれるならば、十分に人口再生産が可能である（Kito, Remarriage and Reproduction in a Rural Japanese Village in the Late Seventeenth and Eighteenth Century.『上智経済論集』三三巻二号）。

3　出産と出生

「多し少なし子三人」

現代の日本では二人、ないし多くても三人の出生がふつうになっている。「万の倉より子は宝」と言われて子は持つべきもの、そして持つなら「足らず余らず子三人」が理想とされていた時代に、実際に夫婦は何人の子を産み、どのように育てていたのだろうか。

表8は湯舟沢村における夫婦あたり出生数の分布である。観察対象になったのは一七三一〜六五年に結婚した夫婦のうち、妻が三〇歳までに結婚したケース百六十一件である。このうち妻が四五歳まで結婚が持続したケースを完結家族とし、そうでないものを非完結家族として示した。全体の平均出生数三・一人からは、意外に少ないという印象を受ける。しかし十八・十九世紀の平均出生数はどの地域の農村でも大体この程度であった。

平均出生数の小さいことは、ひとつには江戸時代の結婚の持続期間が短いために、非完結家族が多数（ここでは五六％）を占めていたことによる。もっともその場合でも、ひとつの家にとって子の数が少なかったということにはならない。若い年齢では再婚する男女の比率も高かったからである。完結出生数は四・六六人、出生数のピークは五人であったから、これだけでも現在の二倍以上の出生があったことになる。

さらに、平均出生数を小さく見せる隠れた出産があった。宗門改帳から知られる「出生」は数え年二歳で登録された者の数であって、乳児死亡の大部分が把握されていない。これにもうひとつの隠れた出産である間引が行なわれていたとすると、実際の出産回数はもっとふくらむことになる。

出生児数の決定要因

結婚から子の出生にいたる過程にはさまざまな要因が作用している。生涯の出生数を決定する要因として、ここではまず妻の結婚年齢と有配偶期間を取りあげ、次いで年齢別出生率と出生間隔の面から検討を加えることにしたい。

妻の結婚年齢が低く、有配偶期間が長いほど出生児数が多くなることは容易に想像できる。しかし二つの要因が出生数に及ぼす影響は異なっており、予想されるほど単純ではない。再生産年齢（ここでは妻一六～五〇歳）における有配偶年数は、明らかに出生数を決定する上で大きい力を持っている。両者の相関係数（単純相関で〇・七八一、ただしN＝一六一）は十分に大きく、高い有意水準にある。

他方、妻の結婚年齢と出生数の関係はあいまいで影響力は小さい（相関係数は単純相関でマイナス〇・一五九）。若い年齢で結婚しても、離死別による結婚の終了があって、結婚が長続きするとは限らないからである。その証拠に、結婚年齢と有配偶年数の間には全く有意な相関はなかった。これとならんで、結婚が遅れた場合に、それをカバーするかのように結婚初期の出生率（一年あたり出生確率）が高まる場合があることも、結婚年齢と出生数の関連を弱めるもうひとつの原因となった。

ただし結婚が中断しなかった完結家族だけをみれば、当然のことながら結婚年齢と出生数の関連は強くなる。この場合、結婚が一年遅れると〇・二四人、したがって四年で約一人の出生数が減る関係が成り立っている。

「貧乏人の子沢山」

経済階層と出生数の間に負の関係があることを表わす言葉に、あまり響きはよくないが「貧乏人の子沢山」というのがある。いかにもありそうなことのように思われるが、江戸時代にはその反対の現象が一般的だった。農村では、土地を多く保有する家族ほど完結家族の出生数は多かったのである。

たとえば武蔵国甲山村では、保有石高五石を境にして、上層四・三人、下層三・六人であるし（鬼頭宏「徳川時代農村の人口再生産構造」『三田学会雑誌』七一巻四号）、濃尾地方農村（六ヵ村）では石高一〇石以上層の五・九人に対して、一〇石未満層では三・八人と、二人も差があった（速水融、前掲書）。出生数における階層間格差を生んだ原因には、先に見たような出稼経験率の違いなどによる女性の結婚年齢の差があることは否定できない。それに加えて大きな働きをしていたのは、結婚している妻の有配偶出生率の差であった。

表9　有配偶女性の年齢別出生率（1000人・年あたり）

地域	事例	16～20歳	21～25歳	26～30歳	31～35歳	36～40歳	41～45歳	46～50歳	合計出生率
東日本		172	202	171	139	96	44	12	4.18
陸奥	6	179	188	152	113	72	27	7	3.69
出羽	2	143	217	197	179	134	75	20	4.83
関東	2	180	231	201	180	133	63	20	5.04
中部		260	309	271	233	175	88	16	6.76
北陸	2	352	354	308	241	177	64	—	7.48
信濃	2	180	226	223	191	142	83	19	5.32
濃尾	4	254	329	277	250	190	102	22	7.12
西日本		305	301	241	214	145	70	14	6.45
近畿	2	345	335	270	235	165	85	15	7.25
長門	1	225	232	184	173	106	41	12	4.87
8地域平均		232	264	226	195	140	67	14	5.69

（資料）鬼頭宏「前近代日本の出生率——高出生率は事実だったか」『上智経済論集』36-2。
（注）合計出生率は16歳から50歳までの期待出生数（人）。

表10　出生数別・順位別にみた出生間隔（年）（信濃国湯舟沢村、完結家族）

（A）出生順位

出生数	組数	1	2	3	4	5	6	7	8	9
1	3	9.0								
2	7	3.1	6.7							
3	6	3.0	4.3	5.2						
4	13	3.8	4.2	4.9	5.6					
5	19	2.8	4.6	3.7	4.8	5.2				
6	11	1.9	3.2	3.0	3.3	4.4	3.7			
7	7	2.1	3.1	4.0	2.7	2.3	3.9	4.0		
8	2	2.5	3.5	3.5	2.0	6.5	2.5	3.5	4.0	
9	2	3.0	2.5	3.0	2.0	2.0	2.5	4.5	1.5	7.0
合計	70	3.1	3.8	4.0	4.2	4.6	3.5	4.0	2.5	7.0

（B）出生順位（ケース別）

ケース	一人っ子	第1子	中間			L-2	L-1	最終子
			除くL-1,L-2	除くL-1	全部			
件数	3	67	80	134	194	54	60	67
出生間隔	9.00	2.82	3.49	3.51	3.80	3.54	4.44	5.08

（注）1）一人っ子は第1子、最終子に含めない。
2）L-1、L-2はそれぞれ最終子から数え、下から2番目、3番目を示す。

年齢別出生率

年齢階級別に、その期間の出生数を結婚持続年数で除したものが年齢別出生率である。

表9に、代表的な四地域のさまざまなレベルの出生率を示してある。各年齢階級の出生率を合計してそれを五倍すると、一六～五〇歳の出産可能年齢を、フルに結婚が持続した場合の期待出生数（合計出生率）が得られる。これで比較すると、全体的に出生率の低い秩父大宮郷（四・二人）とそれの高い神戸新田（七・八人）の間には大きな違いがあることがより具体的にわかるだろう。

出生数の階層間格差の原因となった階層別出生率の例として、武蔵国甲山村の場合を図7に掲げた。このような、出生率の階層間格差や、表9に見られる地域差の背景には、栄養摂取の水準や居住環境の違い、およびそれに由来する流産・死産などが「自然出生力」の高さを決定しているだけではなく、これに加えて意図的な出生抑制

図7　妻の年齢階級別出生率
（武蔵国甲山村、石高階層別）

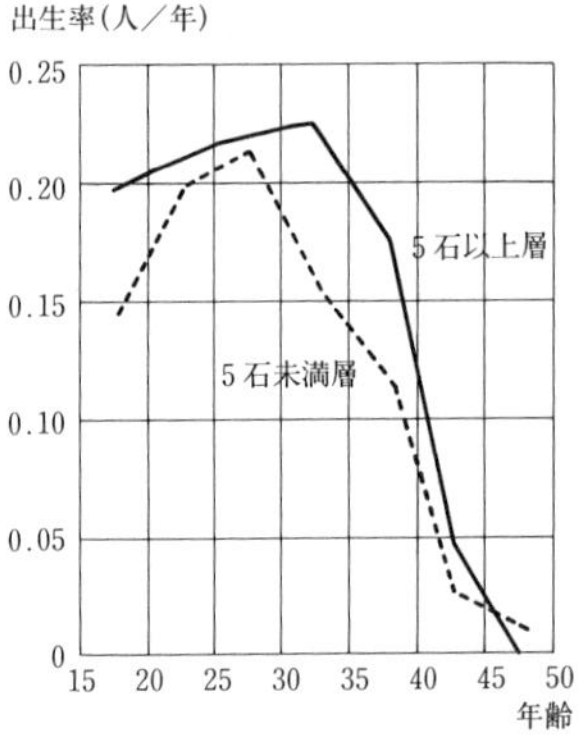

（出所）鬼頭宏「徳川時代農村の人口再生産構造——武蔵国甲山村、1777－1871年」『三田学会雑誌』71-4。

の実行程度の差がむしろ大きな役割を果たしていたと考えられる。その可能性を子の産み方——出生間隔から探ってみよう。

産み初めと産み終わり

最近の日本女性は、結婚後のごく短い期間に少数の子を産み終えてしまうのが平均像となっている。これに対して、現在よりもはるかに多くの子を長い期間をかけて産み続けるというのが、江戸時代の姿だった。

十八世紀の木曾湯舟沢村の夫婦（完結家族）は、夫二八・四歳、妻二〇・八歳で結婚して、第一子を平均三・一年後、妻が二三・八歳のときに産んでいる。最も多いのは結婚二年後で、現在と似ているといえる。最頻出生数である五人目を結婚後一八・〇年（三八・八歳）、そして第七子を二二・四年後（四三・二歳）に産んで、大半（九四％）の夫婦はその頃までに産み終えていた（表10）。最終出生児を産んだ時の妻の年齢は二五から四八歳まで広い分布を見せるが、四二歳に最も多く（一七％）が集中し、平均三九・三歳だった。

出生間隔

表10から、どれくらいの間隔を置いて子を産んでいたのかを見よう。出生順位別の平均出生間隔（最下行）は、結婚から第一子出生までの期間は短く（三・一年）、第二子以降のそれはほぼ一年長い四・一年である。結婚から第一子までの間隔が短いのは、この場合には出生抑制があまり行なわれないからかもしれないし、夫婦の同居または結婚の登録（改帳への記載）が事実上の結婚開始時点より遅れるためであるかもしれない。

第二子以降の出生間隔が出生順位とともに開くのではなく、ほぼ均等であることは他地域にも共通する特徴である。ただし最終順位の出生間隔は五・一年と、初子はもちろん中間順位のそれ（三・八年）より明らかに長い。個々の夫婦にとって望ましい出生数に達したときに、その段階で産み控えが行なわれたと考えられないだろうか。

それでは中間順位の子に対して、出生抑制は行なわれなかったのだろうか。自然出生力が年齢とともに落ちていくものならば、むしろ出生間隔の均等性こそ不自然と言うべきである。むしろ一定の間隔を保つことが望ましいものとして意図されたと考えるほうがよいのではなかろうか。また第二子以降の出生間隔が四年というのは少し間隔が広いように思われる。

出産間隔は、(一)出産後の無月経期間、(二)流産によって失われる期間、(三)妊娠から出産までの期間によって構成されるが、宗門改帳から計算される出生間隔には乳児死亡によって失われる期間も加えなければならない。したがって実際の出産間隔よりも、宗門改帳の出生間隔はかなり長くなっていると見なければならない。

流産・死産および乳児死亡がどれほど出生間隔を長びかせていたかを宗門改帳から知ることはできない。幸いなことに、特定地域で実施された妊産婦調査の報告書である懐妊書上帳が手掛りを与えてくれる。十九世紀初頭における陸奥国白河郡の一農村の事例を紹介しよう（鬼頭宏「徳川時代農村の乳児死亡」『三田学会雑誌』六九巻八号）。

懐妊書上は堕胎・間引を防止するために行なわれた調査で、書上帳には妊娠した女子が登録されて、その後の経過（流産・死産・出生・乳児死亡）が書き込まれている。母親の名前を手掛りにして家族復元を試み、出産間隔を計算した結果が表11である。

平均出産間隔は二・四四年で、宗門改帳から得られる出生間隔より一年ほど短い。出産間隔は前順位（兄・姉）の生死によって拡がったり縮小したりする。ケース別にみると、前の子が生存している場合には二・七〇年と最も長く、死産および乳児死亡

表11　兄姉の人口学的経過別にみた出産間隔（年）
（陸奥国中石井村、1808～29年）

出産間隔(年)	(1) 死産・不明後	(2) 出生後	(3) 乳児死亡後	(4) 生存 (2)−(3)	(5) 死亡 (1)+(3)	(6) 宗門改帳
0						1
1	5	18	10	8	15	3
2	4	28	6	22	10	23
3		38	1	37	1	18
4	2	7		7	2	11
5		2	1	1	1	2
6		2		2		
件数合計	11	95	18	77	29	58
平均間隔(年)	1.91	2.51	1.67	2.70	1.76	2.71

（出所）鬼頭宏「徳川時代農村の乳児死亡――懐妊書上帳の統計的研究」『三田学会雑誌』69-8。
（注）宗門改帳による出生間隔は1803年、1805～09年、1811年の７年度に関するもの。

のあとでは一・七六年と短い。その差は約一年あり、授乳の有無の差が大きく影響しているものと思われる。元禄期の小児科医であった香月《かづき》牛山《ござん》は授乳に関して興味深い指導をしている。子供を乳母に預けるとすぐに次の子を妊娠するから、母乳で育てること、そしてなるべく長く授乳を行なって、離乳の完成は数え年五歳頃がよいとする（『小児必要養草』）。母乳哺育は、栄養確保と頻繁な妊娠を防ぐために、ＷＨＯなどが現在も発展途上国で推進している施策である。三百年前の医師も、多産のもたらす母体への負担と家計の負担を避けることを目的に、現代と同じことを進めていたのである（鬼頭宏「前近代日本の出生力と授乳慣行」『上智経済論集』四〇巻二号）。

宗門改帳から得られた出生率は西ヨーロッパと比べて明らかに低い水準にあった

が、隠れた乳児死亡だけではなく、長期の授乳慣行によっても低くなっていることが明らかである。

4　幼い命の損失

多産の理由

江戸時代の夫婦が多産であった、というより、そうでなければならなかった理由として次のようなことが考えられる。まず第一に消極的理由として、避妊の知識と確かな技術がなかったために、妊娠を有効かつ安全に制限することが困難だったことである。次いで、少なくとも後継ぎになる一人の男子を持つことが、家を継承して祖先を祀るためにも、また老いた親の扶養のためにも必要とされた。

しかしこれは、必ずしも多産でなければ満たされないわけではない。生後間もなく死んでしまう子が多く、成年に達する子が少ない、子供の生存が不確実な社会であったからこそ、家を継ぎ、次代を担う者を得るためには、なるべく多くの子を産んで危険を避けなければならなかったのである。

本節では人口再生産過程の後段を、㈠出生以前の死亡（死産）、㈡宗門改帳に登録

表12　死産と乳児死亡

	性別	(1) 懐胎（出産）	(2) 出生	(3) 胎死・死産	(4) 経過不明	(5) 乳児死亡	(6) 死産率[1]	(7) 乳児死亡率	(8) 周産期死亡率[2]
A　陸奥国白河郡中石井村 (1808～26年)	男	120	117	3	0	25	25	214	233
	女	123	113	10	0	15	81	133	203
	不明	28	11	8	9	3	607	273	714
	合計	271	241	21	9	43	111	178	269
B　常陸国河内郡小茎村・六斗蒔村(1851～71年)	男女計	239	183	39	17	21[3]	234	115	322
C　常陸国茨城郡川戸村 (1854～72年)	男	61	60	1	0	9	16	150	164
	女	68	68	0	0	9	0	132	132
	不明	18	5	10	3	3	722	600	889
	合計	147	133	11	3	21	95	158	238
D　常陸国茨城郡上山川村 (1854～72年)	男女計	131	96	2	33	3	267	31	290
合　計		788	653	73	62	88	171	135	283

（出所）A：鬼頭宏「徳川時代農村の乳児死亡――懐妊書上帳の統計的研究」『三田学会雑誌』69-8。
B：鬼頭宏「懐妊書上帳にみる出産と死亡――幕末～明治初頭の北関東における事例」『三田経済学研究』６。
C・D：鬼頭宏「宗門改帳と懐妊書上帳――19世紀北関東農村の乳児死亡」『上智経済論集』42-2。
（注）１）(3)胎死・死産と(4)経過不明の(1)懐胎（出産）千に対する割合。
２）(3)胎死・死産、(4)経過不明、(5)乳児死亡の(1)懐胎（出産）千に対する割合。
３）「不保」を仮に乳児死亡とした。

される以前の乳児死亡、㈢二歳以後の死亡に分けて、出生児の成育過程を観察しよう。

死産

江戸時代の死産と乳児死亡を示す例として表12に、陸奥国中石井村と常陸国川戸村における出産児の経過を示してある。中石井村は二百七十一件の出産のうち、死産と明記されていたのは二十一件で、死産率は出産一〇〇〇につき七八となる。さらに経過不明の九件を加えると、死産率は一一一パーミルに上昇する。川戸村の場合、死産は十一件であるが、不明を加えると十四件、九五パーミルとなる。常陸国河内郡に属する農村

（小茎村・六斗蒔村）の懐妊書上帳でも、幕末（一八五一〜七一年）の死産率は一四九パーミル（総出産二百三十五件中三十五件）だったから、出産のうち一〇〜一五％が死産というのが、江戸時代後半の姿だったと推察される（鬼頭宏「懐妊書上帳にみる出生と死亡」）。

高い死産率の背景には、妊婦にとって厳しい労働環境、栄養不足、母子衛生への配慮不足などの問題があるほかに、出生制限、すなわち間引による死亡も隠されているに違いない。性別不明が多いので確かとはいえないが、中石井村では女児の死産率が男児より高いようであり、もし事実ならば性選択的な間引の存在を暗示しているのかもしれない。

乳児死亡

乳児死亡率は、社会・経済の近代化を測る重要な尺度ともされる。現在、日本の乳児死亡率は世界でも最も低く、幼い命の犠牲の少ない国のひとつになっている。しかしそれはほんの少し前に達成されたのであって、十九世紀に遡れば、現代の発展途上国並みに高かった。無事に出産しても、その後の安全な成育が保証されていたわけではない。満一歳を迎えるまでの人生の最初期には大きな難関が待ち構えていた。

表13　生存期間別乳児死亡

死亡月齢[1]	件数		生存期間[2]	推定死亡割合（%）	
	中石井村	川戸村		中石井村	川戸村
1ヵ月	16	3	1ヵ月未満	62.8	69.0
2～3ヵ月	9	5	3ヵ月未満	20.9	16.7
4～6ヵ月	4	1	6ヵ月未満	9.3	4.8
7～9ヵ月	2	0	9ヵ月未満	4.7	－
10～12ヵ月	1	2	1年未満	2.3	9.5
不詳	11	10			
合計	43	21	合計	100.0	100.0

（出所）表12を参照。
（注）1）中石井村は日付より算出した満月齢。川戸村は出生月を第1月とする月齢。
2）死亡月齢不詳はすべて1ヵ月未満として処理した。川戸村については3ヵ月未満各期の死亡の半数を前期の死亡に繰り入れて算出した。

懐妊帳や過去帳から直接、算出されたものや、モデル生命表を適用するなどして、これまでに幾通りかの乳児死亡率が推計されている。七つの事例を比べると、最高二八八（飛驒・男）、最低一二五（美濃・女）で、中間値は一八八であった。小集団の統計につきもののバラツキを考慮したとしても、江戸時代後半には出生児の二〇％近くが一歳未満で死亡していたことになるが、明治期の水準とほぼ同程度であり、前工業化期のヨーロッパ諸国のうちではイングランドの水準に等しく、むしろ低いほうであったといえそうである。

乳児死亡の態様について、いくつかの角度から探ってみよう。まず中石井村における生存期間別死亡割合をとりあげたのが表13である。生存期間不明十一件のうち八件は十一月と十二月の出生児で、年が明けてから日数が経って死亡したケースと考えられる。したがって月齢の若い死亡が強調されている傾向は否定できないが、出生後四週未満の新生児死亡がきわめて多く、生存期間が延びるにつれて生存確率が高まっている。

図８　出産月別にみた出産に対する乳児死亡・死産の割合（％）
（常陸国小茎村・六斗蒔村、1851〜71年）

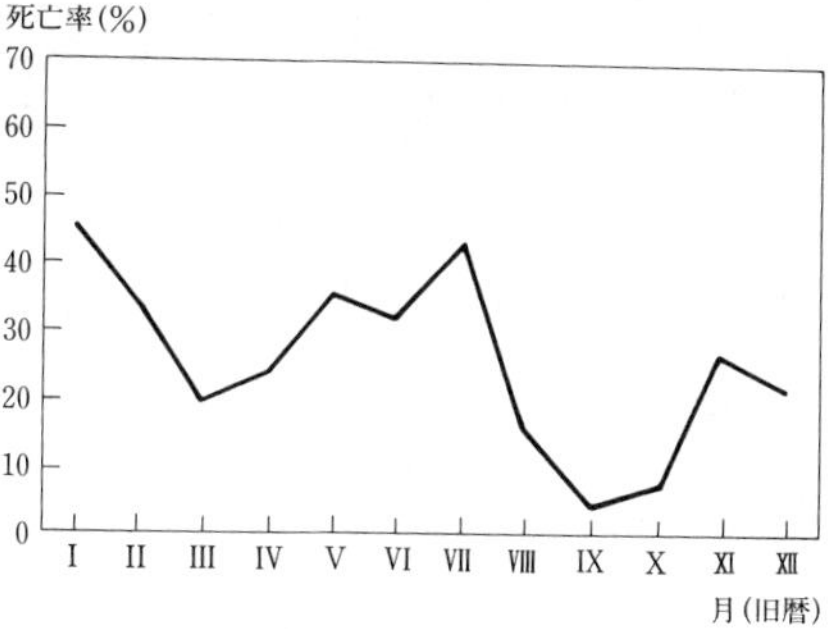

（出所）鬼頭宏「懐妊書上帳にみる出産と死亡——幕末〜明治初頭の北関東における事例」『三田経済学研究』６。

次に死亡の季節性はどうだろうか。北関東二村（小茎村・六斗蒔村）の事例では、死産と乳児死亡と考えられる死亡を含む全死亡率（対出産）は旧暦正月を中心とする冬の山と七月を中心とする夏の山の二つのピークを持っていた。中石井村の事例からは月別死亡率には明瞭な季節性を認めることはできないが、季節別にみると春季（新暦三〜五月）に生まれた子供の死亡率が最も高く（二三三パーミル）、次いで冬季（十二〜二月）出生児（一七二パーミル）だった。

最近では、乳児死亡は十二〜三月にかけ

て集中する傾向が著しいが、二十世紀初頭には冬季とともに夏季の山が著しく高かった。新生児に特有の先天異常と出生時損傷等に由来する死因を除くと、現在も八十年前も、月齢の進んだ児死亡の原因として肺炎・気管支炎と下痢・腸炎が多いことは共通している。ところが現在はどちらも冬季の疾病になっているのに対し、八十年前には下痢・腸炎は夏の病気だった。このことが死亡率の季節的パターンを変化させていたのである。江戸時代にも今世紀初頭と同様に、非衛生的な水と食事が夏に下痢・腸炎を多発させ、粗末な栄養と不十分な暖房が冬の肺炎・気管支炎を助長したと想像される。

幼児死亡

五歳未満の幼児死亡の季節型は右に見たものとは相当に異なっていたようである。下総国銚子の一寺院の過去帳から得た一七六一〜一八五四年の五歳以下の全期間の死亡は、旧暦十二月と一月に集中する完全な冬季集中型である。ただしこれは地域の特殊性であるかもしれない。なぜなら、明治期の死亡の季節型を年齢別に詳しく調べたところ、幼児と小児期の死亡は、他よりも著しい夏季集中を示すからである（鬼頭宏「もう一つの人口転換——死亡の季節性における近世的形態の出現と消滅」『上智経済

表14　出生児の人口学的経過
（信濃国湯舟沢村、1731〜62年出生児）

性別	出生児	死亡・他出(内他出)		11歳時	結婚		他出・死亡	31歳時
		2〜5歳	6〜10歳	在村者	村内	村外	11〜30歳	未婚者
男	163	28(2)	6(2)	129	87	4	30	8
女	133	14(0)	8(3)	111	74	21	11	5
合計	296	42(2)	14(5)	240	161	25	41	13

論集』四四巻一号）。

ただし銚子の場合も年代によって季節型は異なり、平常年であるI期（一七六一〜八〇年）と天保期を含むIV期（一八一一〜五四年）は冬季集中型、天明凶作を含むII期（一七八一〜九〇年）は六、七月に死亡が集中する飢饉型である。天保期には下総地方は例外的に人口が増加した地域であったが、この時乳幼児死亡も冬季集中型を呈した。III期（一七九一〜一八一〇年）の旧暦四、五月への集中は麻疹の流行によるものと考えられる。

出生児の人口学的経過

数え年二歳以上の幼児・小児の人口学的経過は宗門改帳の追跡調査によって、比較的容易に知ることができる。その一例として、信濃国湯舟沢村で一七三一〜六二年に生まれた子の人口学的経過を表14に掲げた。これによると、二九六人の出生児のうち、二歳から五歳までに二人が他出し、四〇人が死亡した。この年齢層での死亡率は一四％にのぼる。六～一〇歳の死亡数は九人、死亡率は四％へ急速に低下し、表示しなかったが一一～一五歳でも七人、三％と低かった。

このように五歳以下の幼児死亡率がかなり高い現象は、他の地域でも共通して見られ、二〇％から二五％の死亡率になることも珍しくはなかった。乳児死亡を考慮すると、出生児一〇人のうち六歳を無事に迎えることができるのは七人以下、一六歳まで生存できるのは五、六人でしかない。なんと大きな損失だろうか。

飛驒の寺院過去帳には、十八世紀末から十九世紀半ばまでの一〇歳以下の小児に特有の死亡原因として、「虫」「疳虫」「驚風」などと呼ばれる小児病が多く見受けられる。具体的にそれが今日のどの病気に相当するかはよくわからないが、多くは肺炎・気管支炎および胃腸炎の類であったろう。明治期の幼児の死因の約二割は、主に夏季の下痢・腸炎、もしくは「脳膜炎」（脳脊髄膜炎）であった。それに次いで冬季に集中する肺炎・気管支肺炎と急性気管支炎が続いている。これに加えて江戸時代には、成人の死因としても比重の大きい麻疹、痘瘡、痢病、傷寒などが大きな損害を与えていた。

死亡率は男女間や出生順位間でなんらかの差があったのだろうか。中石井村では、乳児死亡率は男二一四パーミル、女一三三パーミルで明らかに男児が高い。統計的には十分に有意な差異とは言えないが、男児よりも女児のほうが育てやすいという常識に一致する。二〜五歳の幼児死亡率は、これまで知られている地域（おもに関東から中国地方）では男女差はあまりないか、あるいは若干、女児のほうが低い傾向にある。湯舟沢村では男一六％、女一一％であった。

出生順位および出産時の母親の年齢と乳幼児死亡率の関係は複雑で、一般化することは難しい。乳児死亡率は、中石井村でみる限り出生順位との関連は薄く、母親の年齢では一六〜二〇歳の若年層と四一歳以上の高年層で出産した乳児の死亡が高い傾向が認められる。

二〜五歳の幼児死亡率は出生順位がおそいほど、また母親の年齢が高いほど上昇する傾向があるように思われる。しかし、どこでも共通しているのは第一子、および一六〜二〇歳の若い母親から産まれた子の死亡率が、明らかに他群よりも低かったことであろう。

母性死亡

出生とその後の生存が子供にとって不確かであったように、母親にとっても出産は

表15　出生と妻の死亡
（信濃国湯舟沢村、1701～50年結婚コーホート）

有配偶期間	出生なし	出生あり				合計
		出生と同年	出生1年後	出生2年以上	小計	
10年以内	6	7	4	2	13	19
11～20年	1	2	4	8	14	15
21年以上	1	1	0	20	21	22

（注）妻の死亡によって結婚が終了した56例を対象とした。

危険に満ちていた。飛驒の過去帳から作成された衛生統計によると、二一～五〇歳の死因のうち男女こみで一二％が産後死および難産死によって占められていた。女子に限るならば、それは四分の一を上まわっていたことだろう。

表15に妻の死亡と出産の関係を示しておいた。結婚期間一〇年以内の若い妻ほど、出生と同年の死亡が多かったことがわかる。この群では、出生経験者の五四％が子の出生と同年に、三一％が出生の翌年に死んでおり、出産との関連が強く推測される。このほかに、宗門改帳には現われないが母子ともに死亡したケースも多くあったにちがいない。妊娠や出産に伴う危険が、多くの母の命を奪っていたのである。

5　人口再生産の可能性

人口再生産ラインの計算

前節では、江戸時代の夫婦がなぜ多産でなければならなかったのかという冒頭の問題を、乳幼児死亡率の高さと結びつけて検討してきた。最後に、人口規模を維持するために必要な夫婦あたり出生数を得るための条件について考察を加えたい。

試みに表14から次世代の人口維持をはかるのに必要な出生数を計算すると次のとおりである。男女こみで二九六人の出生児は、死亡または他出によって年々減少し、一一歳時の村内残存者は二四〇人、出生児の八一％だった。これは関東や濃尾農村の五〇〜六〇％と比べると残存率はかなり高いといえる。このうち一六一人が三〇歳までに村内で結婚した。この一六一人で同世代と同数（二九六人）の次世代を再生産しなければならないとしたら、一人あたり一・八四人の同性の子を持つ必要がある。したがって夫婦あたりの出生数は、出生性比を親世代と同じと仮定すると、四・一四人となる。

一見したところ平均四人強の子どもを持てばよいのだから問題はないようだが、実際にはかなり大変なことであった。湯舟沢村の出生率を前提とすると、四五歳まで結婚が持続するとして、女性は二三歳で結婚しなければならない。反対に平均初婚年齢に近い二〇歳で結婚するとしても、三九歳まで産み続けなければならない計算になる。出産期間の途中で死亡したり離別したまま再婚しない女性のいることも考える

表16　F₂世代の人口学的経過
（武蔵国甲山村、1792年世帯主をＰ世代とする孫世代）

階層		出生	15歳以下の死亡・他出 5歳以下	10歳以下	15歳以下	16歳時在村	村内で結婚（子を出生）	出産児数	平均出生数 夫婦あたり	出生した者につき	先祖1人あたり
I	男	14	1	2	—	11	7(4)	9[1)]			
	女	14	1	—	2	11	3(3)	11[2)]			
	合計	28	2	2	2	22	10(7)	33[3)]	3.33	4.71	5.50
II	男	63	9	1	2	51	25(21)	38[1)]			
	女	42	6	3	5	28	8(6)	7[2)]			
	合計	105	15	4	7	79	33(27)	82[3)]	2.48	3.04	3.90
合計	男	77	10	3	2	62	32(25)	47[1)]			
	女	56	7	3	7	39	11(9)	18[2)]			
	合計	133	17	6	9	101	43(34)	115[3)]	2.78	3.38	4.26

（注）1）男児のみ集計。2）女児のみ集計。3）出生児の男女合計数。

と、完結家族の出生数はもっと多くなければならない。幸い、この村では完結家族の平均出生数は必要出生数を上まわっていたので、十八世紀を通じて人口を増加させることが可能だった。

人口再生産格差——分家と絶家

女性の再生産可能年齢の大部分を費やして出産を続けなければ、人口を維持できない社会では、出生力と死亡率の水準は、地域人口や個々の家の維持にとって決定的な要因になった。地域差（とくに都市と農村）については後章で触れることにして、農村内部での人口再生産格差が意外に大きく、そのために社会的流動性がかなり高かったことを指摘しておきたい。

美濃国西条村（一七七三〜一八三五年コーホート）では四・〇七という出生数が完結家族における人口置換水準であった。そして女子の結婚年齢が二五歳以下ならこの出生数を得ることができ、人口の維持は可能になると計算されている。しかし非完結家族の数が完結家族を上まわることや、再婚や婚外の出産をも考慮すると、人口維持に必要な女子の結婚年齢は二四歳となった（速水融「人口学的指標における階層間の較差」徳川林政史研究所『研究紀要』昭和四十八年度）。

ところが、この村では、第二節で見たように出身階層による女性の結婚年齢には格差があった。平均初婚年齢が二四歳以上の自作・小作層では人口再生産は不可能であり、地主層のみが可能となる。しかも年齢別出生率も、上層と下層では生涯出生数でほぼ一人の差があったから、地主層における人口増大と、それ以外の層における人口減少という結果になると予想される。

事実、十八世紀末から明治初年にいたるほぼ一世紀の間に、地主層は多くの分家を出した。反対に絶家する家は地主層では皆無だったが、下層へいくほど絶家は多かった。戸主の交替件数に対する絶家の割合は小作層では三五％にのぼった。もっともこのことによって階層構成に大きな変動がもたらされるということはなく、むしろ安定的でさえあった。上層から下層への分家の階層間移動によって、上層の分家による世帯の創出が下層の絶家による消滅を補償していたためであった。

人口再生産力の階層間格差を厳密に比較するために、世代を統一して観察した結果を、武蔵国甲山村の場合でみておこう。表16には、一七九二年の戸主を祖先とするその孫世代（F_2世代）の人口学的経過を示してある。ただし観察対象になったのは一八七一年まで存続した二十八家系である。石高五石を基準にそれ以上を上層（I）、それ以下を下層（II）としてある。

まず全体をみると、F_2世代一三三人のうち、村内で結婚して子を得た者はわずか三四人で、ここから一一五人のF_3世代が生まれている。F_2世代一人あたりの出生数は〇・八六で一人を割っているから人口再生産ができていないことになるが、F_2世代の結婚の完結していないものがあるので、実際にはかろうじて可能だったと見るべきだろう。

階層間の比較をすると、平均出生数はどれをとっても上層（I）が下層（II）を上まわっている。F_2世代一人あたりではIが一・一八、IIが〇・七八であったから、上層では十分に人口再生産が可能、下層では困難であったことが判明する。その結果は明らかに家の存続に現われていた。ここでも分家率は上層で高く、絶家・他出率は上層の本家では皆無（分家で二）、下層では二九％に及んだ。世帯数増加率はP世代（祖先）がⅠに属する家系で一・二九倍、Ⅱで〇・七六倍と、それぞれF_2世代一人あたり出生数に近似している。

この村では一六歳時の村内残存率や女性の初婚年齢に階層差は認められなかったから、再生産力格差はもっぱら年齢別出生率の差によって説明される。合計出生率（期待値）でその差はほぼ一人ちがっていた。それでは出生力格差は何に由来するのだろうか。自然的（生物学的）なものなのか、それとも人為的なものなのか、この点を次章で検討することにしよう。

第五章　江戸時代人の死亡と寿命

1　死亡率

前工業化社会の特徴

工業化される前の農業社会の死亡率はどこでも非常に高い水準にあった。現代日本の普通死亡率は、高齢化の影響によって一九八〇年代以降少し上昇したとはいえ、人口一〇〇〇につき七程度と低い水準にある。人口動態統計が開始された一八九九年（明治三十二）には二一、幕末（一八六〇年代）には二五を下回ることはなかったと推定されている。同様に普通出生率も幕末には三一〜三五パーミルと高水準にあった。多産の原因は、高い死亡率をカバーして人口を維持しなければならなかったからである。高い死亡率こそ、前工業化社会の人口をまず第一に特徴づける要素であった。

前工業化社会の死亡率に関しては、その現われ方に次のような特性を有していたことにも注意しなくてはならない。

第一に、死亡率はいつでも非常に高いというわけではなかった。比較的穏やかに推移する「平常年」を切りさくように、何年かに一度の割で「異常年（災害年）」が出現し、流行病や凶作によって死亡率が急激に上昇した。次に地域差の大きかったことも特徴である。人口危機はしばしば局地的であり、隣り合う二つの領域で全く異なる現象が見られる場合すらあった。

第三に、身分制社会であることは死亡率にも反映していた。死亡率の高さは「民主化」されておらず、社会階層と経済的地位の関数であったと考えられる。しかし病気に対する予防や治療技術が不確実であったから、階層差を縮める要因も作用した。最後に、性、年齢に伴う死亡秩序は現代と著しい相違を見せる。男よりも女の平均余命が短かったことはその一例である。

これらの諸特徴についてもう少し立ち入って説明しておこう。まずここでは第一、第二の特徴を取り上げ、第三、第四については、後節で平均余命の面から取り上げることにする。

平常年と異常年

前工業化社会に生きた人々の生存は、しばしば自然の力の意のままに脅やかされなければならなかった。流行病や凶作による古い型の人口危機は、人口圧力が資源に対して重くのしかかっているような状態からはほど遠い社会でも、多くの人命を奪い去っていた。これまでに観察された町村ごとの、あるいは寺院単位の死亡数が年々大きく変化していたのは、人口規模が小さかったためばかりではない。死亡数の鋸歯状の大きな変動こそ、前工業化社会の特徴であった。

農村では普通、平常年の出生率は死亡率を上回っており、人口は増加する傾向にあったが、人口危機の時期にはそれが逆転した。死亡率は上昇し、出生率は低下するため、平常年の「貯え」は失われて人口は減少した。陸奥国の人口は十八世紀（一七二一〜八六年）に相次ぐ凶作で二〇%も減少した。南部領では一七五五〜五六年に約五万人、一七七三〜七五年に約六万人も、飢餓または病気で死んでいる。それでもなお、平常年について見れば増加率は決して小さくなかった。

意外に人口の復元力が強かったことは、もっと強調されてもいいように思われる。その理由はいろいろ考えられるが、一口で言うなら人口を一定規模に維持させるようなフィード・バック機構が働いていたということであろう。人口減少を埋めるべく、結婚率を高めたり、出生抑制を緩めたりするような、意識的および無意識的、補償的な人口再生産行動が高まるのである。

異常年の後に死亡率がごく低い年が続くことも、人口統計学上、注意する必要がある。たとえば越前の八十五ヵ寺の過去帳から得られた死亡数は一八三四〜三六年（天保五〜七年）には四二〇〇〜四四〇〇人であったが、人口危機の年である一八三七年（同八年）には一万四四〇三人へと平常年の三倍以上にも増えた。しかし翌一八三八年の死亡数は二五〇〇人弱、平常年の六割以下へと大幅に減少した（佐久高士『近世農村の数的研究』）。これは病気などによって体力の弱い人々が淘汰されたあとに、体力のより強い人々が残されたり、痘瘡や麻疹のように免疫を獲得した人々が増えたためと思われる。

危機の地域性

江戸時代後半の地域別人口の変動をみたときに明らかだったように、気候寒冷化による凶作の被害は東日本で大きかった。このように前工業化時代においては、地理的位置の違いが、気候変動による人命の損失の大きさを決定するうえで強い影響力を持っていたのである。しかしそれは基本的に重要な人口変動要因であったにしても、今日とは異なった形で自然の力を増幅させたり、逆に緩和させる作用が人間の側からも付け加えられた。

一例をあげよう。松平定信が『宇下人言《うげのひとこと》』の中で述懐している、天明飢饉のときの陸奥国白河藩と相馬中村藩の対照は有名である。一七八三年（天明三）の大凶作によって、相馬中村藩ではその年の十月から翌年三月までの半年余りの間に約四四〇〇人、九％の死者と、約一八〇〇人、四％の欠落人を出す大きな惨害を蒙った。これに対し、隣接する白河藩では一人の餓死者も出さなかったという。

この甚しいコントラストの背景には幾分かの地形的相違があったかもしれないが、それ以上に、藩主であった定信の対策が功を奏したのである。白河藩が、定信が八代将軍吉宗の孫にあたるという血縁関係を通じて、幕府の援助を得やすい立場にあったことや、穀留《こくどめ》によって領内の米を困窮する他領へ持ち出すことを禁止する措置がとられたことなど、政治的要因を見逃すことはできない。

情報伝達・運輸手段の未発達、流通機構の不合理性などよりも、各藩領がそれぞれ排他的な政治経済的領域を形作っていたことが、著しく死亡率の程度を異にする小地域をモザイク状に併存させた原因であった。

人口危機の時期における人的被害の地域差は、集落の機能的差異という、多分に人文的な要因によってももたらされた。先に見た越前の一八三七年（天保八）における死亡者数は、平常年（一八三四年）の三・三倍あったが、都市（二・七倍）、農村（二・九倍）では低く、漁村（五・六倍）で最も高かった。農山村（四・〇倍）、山村（四・二倍）はその中間にあった。農村で死亡率が低いのは食糧が自給できるからである。また案に相違して都市が低いのは、領主や大商人などによる公私の救米扶助があったためだろう。反対に、穀物を購入しなければならず、家屋も密集していて伝染病が蔓延しやすいことが、漁村の死亡倍率を高める原因となった。

2　死亡の態様

過去帳の研究

宗門改帳と並び、江戸時代人口史研究の史料として双璧を成すのが寺院の過去帳である。

過去帳に材料を求めた業績の中で特筆されるべきは、須田圭三による『飛驒O寺院過去帳の研究』であろう。これは飛驒高山の一寺院の過去帳から、一七七一～一八七〇年の死因分類などの死亡統計の作成と人口動態を分析して、江戸時代農村の疾病状況を解明した労作である。

また最近、公衆衛生学とは異なる視点からの成果を私たちは持つことになった。全国百八十九ヵ寺の過去帳の死亡記録をもとに、一七七一～一八七一年の一世紀間の火山噴火、地震、気候悪化、流行病といった「歴史災害」による人的被害を地理学の立場から分析した、菊池万雄の『日本の歴史災害―江戸後期の寺院過去帳による実証―』がそれである。

この二つの研究は公衆衛生学と地理学という立場の違いや、一方が一つの地域を深く究め尽くそうとしたのに対し、他方は同質な資料を全国に求め地理的範囲をできる限り広げたというように、アプローチの仕方はきわめて対照的である。以下、両業績を中心に江戸時代の死亡現象についてみることにしよう。

死亡の季節性

江戸時代の人々がどの季節に死亡することが多かったのか、なぜそうなったのかについて、まず検討しよう。図9には江戸・本所回向院の過去帳から得られた一八一五年（文化十二）～一八七六年（明治九）の死亡数が月別（新暦）に指数で示されている。

全期間についてみると、死亡が多いのは夏季で八月にピークがあり、死亡数が少な

図 9　江戸住民の月別死亡指数（回向院過去帳）

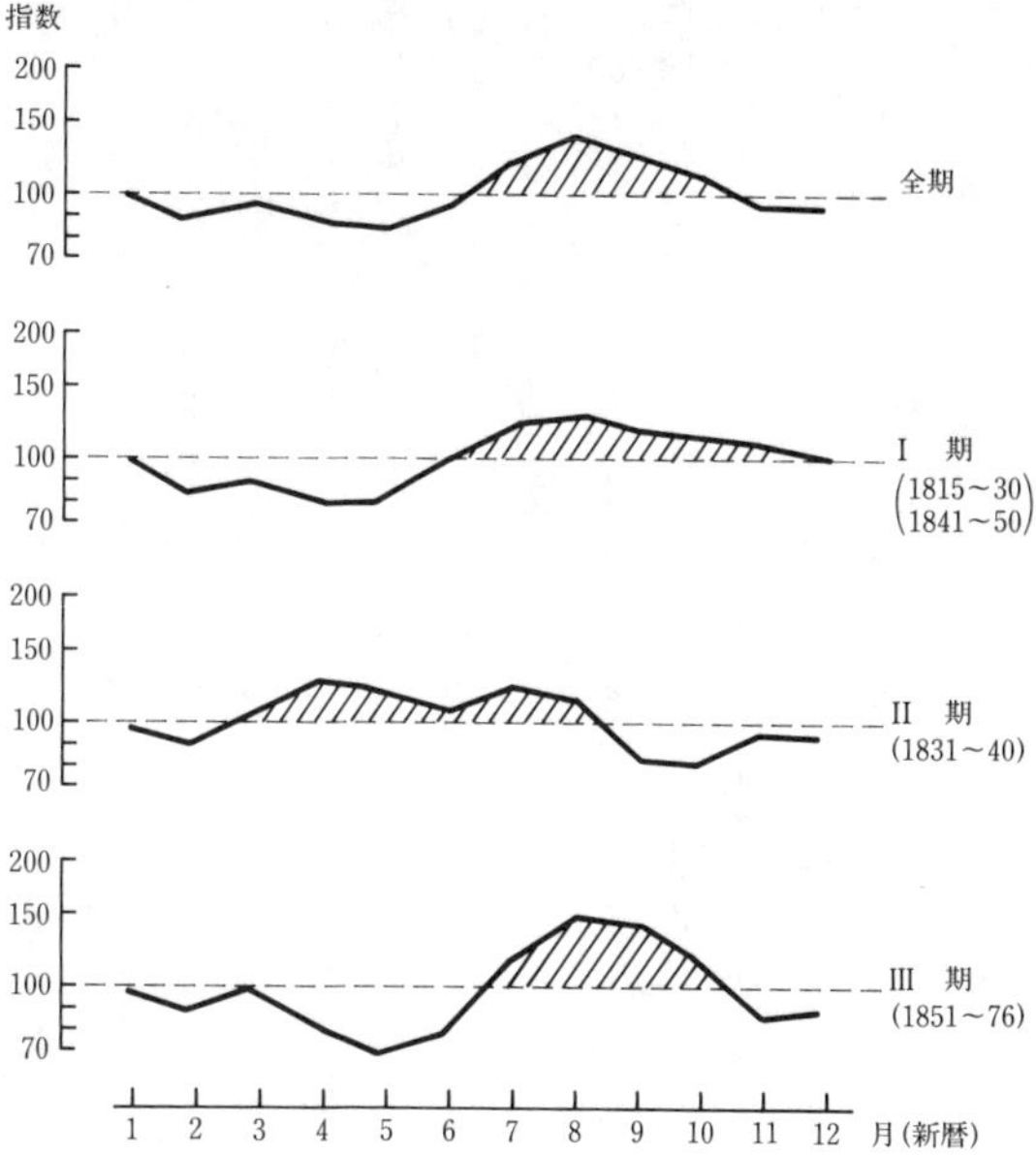

(資料) 菊池万雄「回向院過去帳」日本大学文理学部自然科学研究所『研究紀要』 5。
(注) 1. 上記資料より筆者が計算した。
2. もとの資料は旧暦月であるが、新暦月へ換算した。
3. 各期間の1ヵ月当り死亡数を100とする指数で表示。

いのは五月を中心にして春から初夏にかけての季節である。一月は目立たないがごく小さな山があると言ってもいいかもしれない。一八九九年以来の「季節病カレンダー」の歴史的変遷を明らかにした籾山政子によると、現代のカレンダーは冬季集中型を示すが、明治後期（二十世紀初頭）のカレンダーは多くの疾病死亡が夏季に多発し、心臓病、脳卒中、老衰などの成人病は夏と冬に二つの山を持っていた。総死亡の季節パターンもそれを反映して、一九二〇年頃までは夏季に最大のピークを持ち、冬季にも小さな山を持つ、二つ山を呈していた（『疾病と地域・季節』）。江戸における十八世紀の死亡の季節変動は、二十世紀初頭のパターンに準じるが、もっと夏季の山が強調されていることが特徴である。

しかしこのパターンはいつでもそうであったとは限らない。種々の原因で大量死亡が起こる危機の年には特有の型が現われた。一〇年期ごとに分割して共通の変動型を描く時期をまとめてみると、三つの型を区別することができる。I期（一八一五～二〇、二一～三〇、四一～五〇年）は最も平均的な夏季集中型を示す「平常年」である。III期（一八五一～七六年）は八、九月の山がとくに強調されている。一八五八年（安政五）と翌年のコレラ、および一八六二年（文久二）夏のコレラと麻疹の大流行があったためである。

II期（一八三一〜四〇年）は最も特異なパターンを示す。死亡の山は四月から八月にかけて高原状を呈している。いうまでもなく、この期には一八三七年（天保八）をピークとする大凶作が含まれており、端境《はざかい》期の食糧品高騰に基づく栄養不足と流行病の発生が重なって、収穫期前の春夏の死亡を増加させたのである。

江戸時代の死亡の季節型に関する研究は、史料上の制約もあって、ほとんどは十八世紀中期以降に集中している。したがって十七世紀にはどのようであったか、さらに江戸時代以前はどうだったのか、まだ確実なことはいえない。しかし手掛りはある。過去帳を用いた死亡の研究は、宗門改帳が作られる以前のより古い時代の死亡現象についても教えてくれるからである。

田村憲美は下総の寺院過去帳（日蓮宗本土寺）により、一三九四年から一五九二年にいたる二百年間の死亡の季節性を明らかにしている（『日本中世村落形成史の研究』）。それによってこの時代の死亡の季節型は江戸時代とは大きく異なっていたことがわかる。近世以前型ともいうべき季節型は、夏季集中は弱く、旧暦五月を中心に春から初夏にかけて死亡の山があることが特徴であった。このパターンは江戸時代にもみられたが、それは大規模な飢饉に特有のものであって、いつでもみられたわけではない。ところが十五世紀には全期間にわたって例外なくみられたのは、米の端境期の食糧不足が恒常的であったことを示している。このパターンは、十六世紀以後、変化する。五月の死亡割合が低下していくのであるが、その原因として裏作として夏麦栽培が普及したことが重要であったと指摘されている。中国で同族集団の系譜を記録した族譜から死亡の季節性をみた研究も、浙江省農村において、十七世紀に二毛作を中心とする集約的農業が普及したことが、顕著な季節変動を平準化させたという（上田信『伝統中国――〈盆地〉〈宗族〉にみる明清時代』）。

籾山（一九七一年）は人口動態統計によって一九一二年から六六年までの日本における「季節病カレンダー」を解明し、死亡の季節変動は夏季集中が著しく、大正期までは年々の変動が激しかったことを指摘した。昭和期になると夏季の死亡率低下が起きて、夏季集中の程度は弱められた。昭和戦後期になると全体的に死亡率が低下するとともに、夏季の山はすみやかに消失し、一九五〇年代後期以降には冬の低い山が取り残されたように認められるだけになった。死亡の季節型における転換は、出生率と死亡率の組み合わせにおける人口転換と歩調をともにする、もう一つの転換であった。

明治・大正期における転換前の季節型は、歴史的にどの時代まで遡りうるのだろうか。またその成立はいつであったろうか。宗門改帳や過去帳が示す江戸時代の死亡の季節型は、あきらかに明治・大正期の〈転換前〉型に酷似している。大規模な凶作や流行病が発生した異常年に、平常年とは異なる季節型がみられることを別にすれば、転換前の季節型は江戸時代後期には成立していたことは明白である。

しかし転換前型は江戸時代全体にわたってみられたのではないだろう。明治・大正期のパターンを特徴づけた死亡の著しい夏季集中は、あきらかに水と飲食物を媒介として感染する消化器系の疾患、とくに腸チフス、コレラ、赤痢によってもたらされたものである。このような感染症を伝播させやすい社会状況や生活様式として、都市への人口集中、活発な人口移動、外食の普及、清浄な水供給や排水の未整備、不完全な塵埃処理などが考えられる。ひとことでいえば都市化、工業化、国際化が引き金であったといえよう。

十八世紀後半の江戸時代はプロト工業化にともない、地域間貿易が活発になり、出稼奉公を体験するものが増え、旅行が大衆化することによってモビリティが上昇した時代である。十九世紀になると、コレラが日本へ侵入し大流行がはじまる。コレラは一八二二年（文政五）、一八五八年（安政五）、一八六二年（文久二）に爆発的に流行したのち、明治期にも死亡者一〇万人以上の大流行が続いた。インフルエンザも世界的流行（パンデミー）に同調するなど、病気の「国際化」が進んだ。このことは、転換前型の成立が比較的新しい現象であったのではないかと推測させる。

江戸時代後期から明治・大正期の日本の死亡の季節型は、人口転換以前の西ヨーロッパ諸社会のものとは大きく異なっていた。イングランドの教区簿冊から観察された一五四〇年から一八三四年までの半世紀ごとの死亡の季節型は、山が春（三～四月）にあり、谷が七月にあった。また最高値と最低値の比率（変動指数）は、明治期日本の場合よりも、幾分、小さかった。江戸期については全国規模の数値はないから正確な比較はできない。しかし日本のほうが変動指数が大きかったといってよいだろう。イングランドに関してもう一点を付け加えるならば、十六世紀半ばから十九世紀前期までの三百年間、この季節型はほとんど変わらずに、安定的であったことである。

他の西ヨーロッパ諸国はそれぞれに個性的であった。スコットランド、オランダはイングランドに相似した春山型、フィンランドはピークは五月に来るが夏季死亡は少ない点で共通グループを構成する。これに対して大陸のドイツ、フランスでは冬・春（二～三月）とともに夏（八～九月）にも同じくらいの高さの山があるツイン・ピークス型である。スペインは夏季集中型（七～十月、ピークは八月）で日本に似るが、冬に山はない。すなわち江戸期、明治期日本の死亡の季節型は、ツイン・ピークス型という点でドイツ、フランスと相似し、夏季の山が高い点で、スペインに似るといええよう。夏季の暑熱、冬の寒冷をともに受けなければならない、苛酷な環境にあったといる。

疾病死亡

平常年に右のような死亡の季節変動に特徴を与え、異常年に大量死亡の原因となった病気にはどんなものがあったのだろうか。

飛驒高山の一七七一～一八五二年の死因統計を要約すると次のようになる。全年齢階級を通じて最も多いのは、「病気」とか「長煩い」などと漠然と表現される、内因性死因と考えられる疾病で、これが全死亡の三四％を占める。これを別にすると、各種の急性伝染病（一八％）と小児病（一二％）が大きな比重を占めている。

一〇歳を境にして長幼二つの年齢群に分けると、年長集団で目立つのは「傷寒」（腸チフス？）と「時疫」と記される急性熱性伝染病で、これらは春から秋にかけて多発している。餓死は散発的にみうけられるが、特定の年代に夏を中心に発生するのが特徴で、しばしば時疫、痘瘡、痢病などを伴う。すなわち凶作年の死亡は単に純然たる餓死だけではなく、流行病が追い討ちをかけているのである。

乳幼児死亡については前の章で触れたが、年少者群で最も恐ろしい病気は痘瘡（天然痘）であろう。これは七〜九月に発生して翌年まで持ち越すことが多かった。次いで麻疹（五〜八月）、痢病（七〜八月）も、年少者を中心に死亡させる傾向があった。「虫」（先天性弱質）などの小児病は特定の季節には集中していない。

飢饉

十八世紀中期から明治初年に至る時代は、寒冷気候が支配的で、大小の飢饉が頻発した。天明期および天保期の凶作がひき起こした悲惨な情況については、幾多の公的、私的な記録がそれを今に伝えている。菊池の過去帳の研究によると、両凶作期の人的被害の拡がりとその程度は次のようであった。

飢饉年（天明二〜六年、天保三〜十二年）の年平均死亡者数を一七七一〜一八七〇年の平均死亡者数で割った被害率の分布は、天明・天保両期ともに東日本で高く、とくに東北地方の東北隅（八戸周辺から三陸地方にかけて）に著しく高い中心地域があった。ただ、天明期は死亡が三年末から四年初めに極端に集中して飢饉型を呈するのに対し、天保期は中小ピークの繰り返しが長期にわたってみられる。被害地域も天保期にはずっと広汎で、中部地方内陸山地にも比較的大きな被害が及んでいた。しかも天保期の被害は地域差が著しいという特徴もあって、両期の人口危機は同列に扱えないことを示している。

東北地方に限ってみても、天保七〜九年の月別死亡数の変動パターンは旧暦五、六月にピークをもつ飢饉型をとるところが多いが、弘前、七戸、久慈の三ヵ寺では、天保三〜五年の月別指数は十一〜二月で高く、飢饉以外の死亡原因が大きかったものと思われる。

飛驒の寺院過去帳によると、一八三一〜四〇年の総死亡、一二五六件のうちで餓死は八％を占め、たしかに他のどの時期よりも多かったが、死因の順位としては小児病（二四％）、急性伝染病（一二％）に次ぎ、老人病と並んで第三位である。速水融の調査によると、紀州尾鷲組の在浦十五ヵ村では一八三七年から三八年にかけて人口の一六％が死亡したが、餓死の記録はなく、急性伝染病（急病・時疫・風病・疫病・傷寒・温疫）が全死亡の五八％を占めていた（「紀州尾鷲組の人口趨勢」徳川林政史研究所『研究紀要』昭和四十三年度）。

天保期の人口危機が凶作だけではなく、なんらかの流行病の加わったものであることは、地域人口の比較からも推測できる。全国人口は一八二八〜四〇年に大きく減少したが、一八二八〜三四年に明らかにマイナスとなったのは出羽、関東、北陸を除く中部および近畿地方であって、ほとんどが関東・東海・近畿のラインに集中していた。他地域の減少はこれより遅れて一八三四〜四〇年に著しかったが、この時関東は例外的にプラスに転じていた。

それではどんな病気が流行したのだろうか。富士川游の『日本疾病史』の年表によると、一八〇一〜七〇年を一〇年ごとに区切って比較した場合、一八三一〜四〇年には他のどの時期よりも多くの流行病が発生していた。おもなものは痘瘡（三八〜三九年）、麻疹（三六〜三七年）、風疹（三五、三六年）、流行性感冒（三一、三二年）、腸チフス様の疫病（三〇〜三六年）、赤痢（四一年）であった。

栄養と凶作

前工業化期の物産書上げをもとに栄養摂取水準を推計した報告が発表されている。それによると、一八四〇年代の長州藩では、庶民一人一日あたりエネルギー摂取量は穀類・豆・イモ類の「主食」だけで一六六四キロカロリー、一八七〇年（明治三）の飛騨国では総食品につき一八五一キロカロリーである（西川俊作「移行期の長州における穀物消費と人民の常食」『三田商学研究』二五巻四号、小山修三ほか「『斐太後風土記』による食糧資源の計量的研究」『国立民族学博物館研究報告』六巻三号）。長州藩の場合、主食以外の食品や酒を加えるともっとエネルギー摂取量は多かったはずで、おそらく飛騨の水準に匹敵したと推定できる。この水準は一九七五年（昭和五十）の八五％にすぎないが、年齢構成や体格（成人男子で一五七センチメートルくらい）を考慮すれば、前工業化期としては必要を満たす水準にはあったと思われる。

しかし他の地域、たとえば東北地方などではもっと低い水準ではなかったかと考えられるし、平常年でも蛋白質や脂質の摂取量が十分であったとは必ずしも言えないだろう。そのような状態で凶作に襲われたら、その影響は甚大だったにちがいない。

二十世紀に入って間もない一九〇二年（明治三十五）と一九〇五年（同三十八）に大凶作に見舞われた岩手県では、代用食物として古くからの救荒植物が利用された。成分分析によると、脂肪分が全くないか含まれていても少ないこと、蛋白質の不足、繊維分が多いことなどの特徴があり、十分な栄養やエネルギーを摂ることは困難だったことがわかる（清水勝嘉「明治期の東北地方における凶作の衛生状態に及ぼした影響について」『防衛衛生』二八巻七号）。そのため栄養不良や胃腸炎が多発し、死亡する者も多かった。

江戸時代の凶作と疾病の関係は十分に解明されているわけではないが、平常、かろうじて保たれている平衡が凶作によって打ち破られて、極度の栄養不良状態になったとき、伝染病の蔓延しやすい状況が生み出されたことは容易に想像がつく。しかも凶作期には農村を捨てて都市へ集まる人の流れも増加したから、条件はより悪化したのである。

3　平均余命

人生僅か三十年

「人生僅か五十年」とは人の一生の短いことの譬えだが、江戸時代の日本人の寿命(出生時平均余命)はとてもそこまでは達していなかった。出生時平均余命が五〇歳を超えたのは、第二次大戦後の一九四七年であった。この年に調査された第八回生命表で、男五〇・一歳、女五四・〇歳と、初めて五〇台に乗ったのである。第一回生命表(一八九一～九八年調査)では男四二・八歳(松浦公一による改作値では三七・一)、女四四・三歳(同三九・四)でしかなかった。

江戸時代にまで遡って全国規模の生命表を得ることはできないが、宗門改帳や過去帳を利用すれば、町村単位の平均余命を知ることができる。それから推計すると、一六〇〇年頃の寿命はよくてもせいぜい三〇歳程度であったであろう。

表17は、宗門改帳による代表的な生命表から抜粋した平均余命である。宗門改帳に

表17　江戸時代の平均余命

地　名	年　代	性	数え年 1歳	2歳	5歳	10歳	15歳	30歳	45歳	60歳
I　出生コーホート										
(1)　信濃国諏訪郡横内村	1671～1725	男	－	36.8	46.7	50.0	46.9	35.3	23.9	12.9
		女	－	29.0	35.9	38.3	25.6	27.3	19.3	10.9
	1725～1775	男	－	42.7	48.3	49.9	46.6	34.9	24.6	14.0
		女	－	44.0	48.8	48.1	44.6	33.9	23.9	13.1
(2)　美濃国恵那郡飯沼村	1711～1781	男	－	41.8	－	－	49.2	37.0	26.0	13.6
		女	－	39.7	－	－	42.8	33.6	22.7	11.5
(3)　美濃国安八郡西条村	1773～1800	男	－	34.6	37.8	37.5	34.2	23.7	－	8.3
		女	－	34.4	39.9	40.6	35.6	27.4	－	14.2
II　死亡コーホート（補正なし）										
(4)　出羽国山形郡山家村	1760～1870	男	36.0	－	45.9	45.9	42.3	32.8	21.0	11.9
		女	37.2	－	45.5	45.5	42.2	33.2	23.0	13.6
(5)　信濃国木曽郡湯舟沢村	1675～1740	男	－	37.1	45.8	44.1	39.8	33.1	23.3	13.6
		女	－	37.6	42.6	41.0	36.8	29.3	23.5	12.5
	1741～1796	男	－	43.2	48.2	45.1	42.7	33.4	22.1	13.0
		女	－	42.0	44.6	41.7	37.7	31.3	23.8	13.5
(6)　美濃国恵那郡飯沼村	1712～1750	男	－	37.4	－	－	40.4	33.2	23.1	13.7
		女	－	37.4	－	－	39.9	31.4	21.1	11.5
	1751～1800	男	－	45.6	－	－	46.2	33.3	23.2	12.6
		女	－	43.8	－	－	43.6	33.8	24.8	12.9
	1826～1867	男	－	44.4	－	－	42.1	31.4	21.0	12.1
		女	－	44.9	－	－	39.6	32.1	23.7	13.2
III　死亡コーホート（補正あり）			満年齢 0歳	1歳	5歳	10歳	15歳	30歳	45歳	60歳
(7)　信濃国下伊那郡虎岩村	1812～1815	男	36.8	46.6	48.8	46.6	43.9	33.8	22.7	13.3
		女	36.5	43.9	46.3	46.4	45.0	34.4	22.3	14.4
(8)　美濃国3ヵ村	1751～1869	男	37.2	45.6	48.5	46.5	42.5	32.1	21.6	11.9
		女	40.1	47.5	50.5	47.7	43.4	34.1	23.5	13.3

（出所）鬼頭宏「歴史人口学における死亡動態」小林和正・大淵寛編『生存と死亡の人口学』（シリーズ人口学研究4）大明堂（1994）。

は数え年二歳から登録されるのが普通なので、表のIおよびIIに掲げた六例は平均余命は数え年二歳時のものである。満年齢ではほぼ〇・五歳にあたる。出生時の余命を求めるには、なんらかの方法で数え年一歳における乳児死亡を補正して推計しなくてはならない。

より厳密な方法としては、モデル生命表の適用による方法と経験的な曲線あてはめによる方法がある。表中III(8)の美濃三農村については前者の方法で得られており、この場合の出生時余命は、たとえば藤戸村で男四一・一年、女四四・九年と二歳時余命より七年ほども短くなってしまう。曲線あてはめによる推計としては、小林和正によって試みられた信濃国虎岩村の先駆的な推計がある（III・(7)）。そこでは一八一二～一五年の死亡コーホートから導かれた出生時平均余命は、男三六・八年、女三六・五年で、これは満一歳の余命よりも七～一〇年も短かった（「江戸時代農村住民の生命表」『人口問題研究』六五）。

簡便な方法として、一定の乳児死亡率を仮定して出生時余命を推計することも可能である。数え年一歳時の死亡率を、宗門改帳に出ない真の出生数の一〇％および二〇％と二通り仮定してみよう。すると、たとえば湯舟沢村（一六七五～一七四〇年）の男性で三四・三年（一〇％の場合）および三〇・一年（二〇％の場合）となる。

平均余命の変化

年々の死亡率が大きく変動した前工業化社会では、過去百年間の日本人の寿命が一本調子で、しかも高い率で伸びてきたのとは異なり、短期的に大きく伸びる時期も、反対に短縮することもあった。

年代を幅広くとって長期的な比較を横内村、湯舟沢村、飯沼村について行なってみると、十七世紀末以後、幕末までの二世紀間に、平均余命に相当大きな伸びのあったことを認めることができる。おそらく七年以上になるだろう。この三つの中部地方の村の例を参考に、出生時平均余命の長期的推移を描くならば、十七世紀には二〇代後半ないし三〇代そこそこだったものが、十八世紀には三〇代半ば、そして十九世紀には三〇代後半の水準を獲得して明治中期の水準につながったものと思われる。

地域差

表からは年代的変化とともに、平均余命の地域差も大きかったことが推測される。新田村落である神戸新田、漁村を含む尾鷲組十二ヵ村は、同時期の他の地域より短命だった。母集団の規模が小さいこと、年齢構成の相違が調整（標準化）されていないこと、また年代のとり方が一定でないことなど統計上の原因もあるだろう。しかしそれだけではなく、現代に比べて、人口を取巻く自然的・社会的相違が死亡秩序、つまり平均余命に直接的な影響を及ぼして、地域差を際立たせていたと考えられる。

地方都市高山（弐之町）では、江戸時代後期一世紀間の平均余命（男三七・九年、女三六・二年）は極端に短いとは言えないが、条件の良い農村とは七〜八年の開きがある。高山では出生地別に余命が計算されていて、市内出生人口については男三六・三年、女三四・五年、市外（農村）出生人口については男三九・九年、女三八・六年となっている。明らかに農村からの移入人口の余命のほうが長く、その差は三〜四年あった。都市人口は短命であったわけだ。

階層間格差

平均余命にも少なからぬ階層差、身分間格差が存在した。美濃国浅草中村では石高一二石を境にして、上層では下層よりも女で四年、男では六年も長かった（スミス）。摂津国花熊村でも一七八九〜一八二八年の二歳時平均余命（男女こみ）は、下層（保有石高三石未満層）四〇・八年、中層（三〜五石）四四・六年、上層（五石以上）四五・一年と、下層に対して上・中層の方が四年ほど長かった（松浦昭「近世後期における人口動態」『六甲台論集』一九巻三号）。

民衆以外の平均余命に関しては、比較すべきデータが不足しているので十分に検討することはできない。コーゾー・ヤマムラによって計算された旗本の平均死亡年齢は、一五六一〜九〇年生まれの者の四二・三歳が、一世紀後の一六八一〜一七一〇年出生者の五一・三歳へと大きく延びたことを示している（『日本経済史の新しい方法』）。この数字は、死亡年齢不明者が一割前後あるので多少割引かなければならないだろうが、同時代の庶民人口より長命だったことを想像させる。飛驒高山の寺院過去帳から計算された十八世紀末から十九世紀前半にかけての民衆の平均死亡年齢は三二歳程度だったことが、それを裏付けてくれる。しかし江戸時代後期に武士階級の余命の延びはおそらく止まり、遅れて余命を延ばしてきた庶民人口との差は縮まったのではないかと思われる。庶民人口内部における階層間格差も十八世紀後半以後、縮小する傾向にあった。

平均余命はなぜ延びたか

全国人口が停滞していた陰で、中央日本の農村の平均余命は五〇%近くも延びていたと考えられるのだが、その原因は何だったのだろうか。

表18　年齢別平均余命（信濃国湯舟沢村）

年齢	I期（1675～1740）		II期（1741～1796）	
	男子	女子	男子	女子
2	37.1	37.6	43.2	42.0
3	39.6	39.7	45.2	43.7
4	44.3	42.2	47.3	43.9
5	46.0	42.8	47.6	44.8
6	45.8	44.6	48.2	44.6
11	44.1	41.0	45.1	41.7
21	37.7	34.1	39.5	34.8
31	33.1	29.3	33.4	31.3
41	24.7	23.5	25.9	26.6
51	19.8	17.4	18.1	19.5
61	13.6	12.5	13.0	13.5

（注）5歳までは各歳ごとに、6歳以上は5歳階級ごとに算出して抄出した。

明治以後の余命の延びが医療と医薬の進歩に多くを負っているのに対して、江戸時代には十九世紀に始まる種痘を除いて、疾病に対する有効な予防法や治療法の進歩が大きく貢献したとは考えられない。通俗的な衛生知識の普及、家庭用置薬、漢方ならびに十八世紀以後の蘭方医の役割を無視するわけではないが、それよりもむしろ、平凡な日常生活の向上に基本的な原因があったのではないだろうか。死亡率改善の最も著しい年齢階級が二～五歳の幼児（そしておそらく乳児）において見られたことも、それを物語っている。

湯舟沢村の年齢別平均余命を見てみよう（表18）。この村の二歳時平均余命はI期からII期へ四～六年延びているが、とくに幼年層の延びが大きかった。仮りに五歳以下の死亡率を半減させると、二歳時余命は少なくとも五年は延びることが計算から導かれる。事実、一六七五～一七五〇年に一四五パーミルだった幼児死亡率は、一七五一～一八〇〇年には、天明期の死亡率が高い時期があったにもかかわらず一〇七パーミルへ低下している。他の地域でも、余命の伸長したところはどこでも幼児死亡率は改善されていた。その顕著な例として信州横内村がある。ここでは、一六七一～一七〇〇年出生の男子は三五％が五歳以下で死んだが、一七五一～七五年出生者では一六％、そして一七七六～一八〇〇年出生者では八％と、一世紀間に四分の一以下へと大幅に低下したのである。

死亡秩序にみる特徴

江戸時代に平均余命が伸長したといっても、達成された寿命は現代の半分でしかなかった。違いは長さだけではなく、男女間、年齢間の死亡率の現われ方にも現代との相違が大きかった。

第一に、乳幼児死亡率が高かったために、江戸時代の最長平均余命はしばしば五歳以後に現われた。湯舟沢村でもそれは五～六歳にあり（表18）、その年齢に達しさえすれば五〇歳あるいはそれ以上にまで生きることが約束されていた。平均余命が短いということは、すべての人々が短命であることを必ずしも意味しない。死亡率の高い危険な年齢を過ぎると、平均余命は案外長く、七〇歳以上の長寿者もまれではなかったのである。

図10　年齢別死亡率
（信濃国湯舟沢村、1741〜96年）

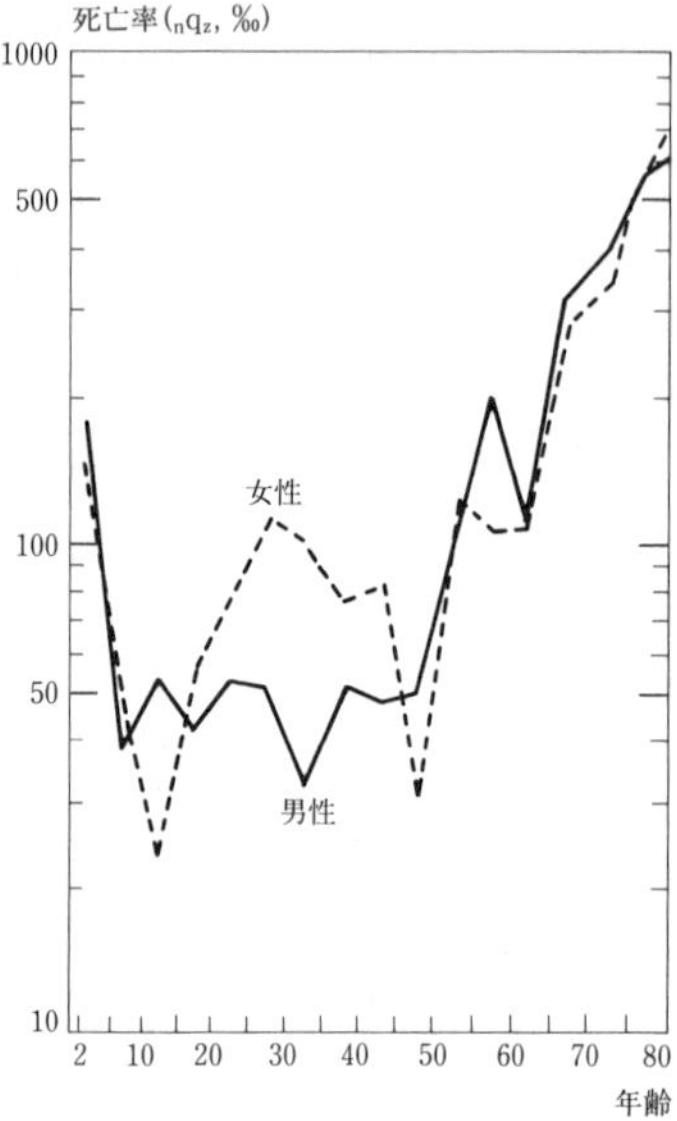

第二の特徴は、しばしば女よりも男のほうが長生きだったことである。そうでなくても男女差は小さく、平均余命は接近していた。

平均余命における女性優位は工業化の賜物であった。その原因を解く鍵は年齢別死亡率曲線に隠されている（図10）。一五歳以下では概して男子の死亡率が高いが、一五歳を過ぎると死亡率は逆転して女性のほうが高まってしまう。この状態は四〇歳を過ぎるまで続き、三〇歳前後で男女の懸隔が最も拡大している。四〇代後半からは再び接近し、平均余命も、女性が男性を上回った。

死亡率曲線にみられる男女の差は、女性の二〇代から四〇代前半がちょうど出産年齢にあたっていることから、妊産婦の死亡によるものであることがわかる。適切な医療と母体保護思想の欠如、それに加えて不確かな避妊がもたらす堕胎の習慣が、出産をきわめて危険きわまりないものにしていたのである。現代よりも出産回数がはるかに多かった時代には、それだけ多く、女性は命を失う危険にさらされていた。女性の二〇～五〇歳の死亡率を男性と同等の水準まで引き下げてみると、女性の平均余命はあと四、五年長くなる計算である（湯舟沢村II期の場合）。

湯舟沢村は最も極端な例であろう。しかし二〇歳から四〇歳までの男女の死亡率格差は美濃農村でも飛騨農村でも観察されている。さらに驚くべきことに、格差は縮小したとはいえ、まだ多産が一般的であった昭和初期（第五回生命表、一九二六～三〇年）にいたるまで、明瞭に残っていたのである（斎藤修「人口転換以前の日本におけるmortality――パターンと変化」『経済研究』四三巻三号）。

短命の影響

非常に高い乳幼児死亡率は平均余命の短さに結びついていた。高い死亡率をカバーして社会の人口を維持するには、同様に高い出生率を必要とする。江戸時代後半の全国人口の普通出生率と普通死亡率は、おそらくともに三〇パーミルを超え、四〇パーミルに近かったと推測されている。

これを個別家族のレベルで見れば、多くの子を持たねばならないことを意味する。出生児の半分は結婚年齢に到達するまでに夭折してしまうから、家を維持するためには、ゆとりをもって多めに子供を生んでおかなければならなかった。二〇歳頃に結婚し、五〇歳まで結婚を継続した夫婦は、ふつう少なくとも五、六人の子を出産した。

高出生率・高死亡率は、人口の年齢構成にも現代と異なる様相をもたらした。年齢構成を示す人口ピラミッドは、低年齢層の部分が大きく広がる富士山型を呈する。もちろん都市と農村、人口増加期と減少期では異なるが、人口移動の少ない農村では、一般に一五歳以下の人口三〇％以上、一六〜六五歳の青壮年人口六〇％以上、六六歳以上の老年人口はせいぜい数％どまりだった。

子どもの生存権

短命な社会は、多くの幼い者たちの犠牲の上に成り立つ社会である。子どもの命はいともはかなく、危い存在であった。そこに、子どもに対する矛盾する感情と価値観が生まれる苗床があった。子は宝として大切にされる反面、意志のないものとして命さえもがおとなの側の都合にしたがい、与えられもし、奪われもした。

「七歳までは神のうち」ということわざがある。生存の可能性が不確かであるうちは人間として承認しないことは、夭折を嘆き悲しむ感情を緩和するうえでも、間引を行なううえでもある種の合理性をもっていた。この俚諺《りげん》を、発達心理学的な解釈とは別に、その背景となった社会の人口学的特徴から説明することが可能である。

柳田国男は「元服前の人間が、一つの物の生命となって行く一つの階段がある」と言い、その最も重要なものが数え年七歳であったと書いている（「小児生存権の歴史」）。七歳という年齢はだいたい満五歳半にあたり、この年齢は死亡する危険の最も大きい、人生の最初の五年を過ぎた段階なのである。乳幼児死亡の多い時代だったからこそ、子の発達段階に伴う七五三などの通過儀礼の重々しい意味が生きていた。その年齢までの生存と成長が祝われるとともに、儀式をくぐることによって、人間としての存在を共同体に承認させるという二重の意味があったのである。

第六章　人口調節機構

1　人口調節装置としての都市

弱い人口自己再生産力

都市を人口調節装置と呼ぶことは、いささか奇妙に聞こえるかもしれない。しかし第三章で指摘したように、前工業化社会の都市は他地域からの人口流入によって多少なりとも地域人口の規模を大きくするうえで貢献したが、人口再生産力は弱く、一種の蟻地獄として機能していた。この傾向は江戸時代の都市的発展が一段落した十八世紀以降、顕著になった。

都市の人口自己再生産力が小さかったのは、出生率が農村と比べて低く、死亡率は反対に高かったためである。しばしば出生率は死亡率を下回りさえした。その鮮やかなコントラストを対馬国厳原《いずはら》の例でみてみよう。

郡奉行として対馬藩の民政にたずさわった陶山鈍翁は、退任後『口上覚書』を著した。その中の記録から元禄・正徳期（一七〇一〜一二年）の出生率と死亡率を、府中（厳原）、郷村、銀山の別に計算すると、十二年間の平均出生率が最も高いのは郷村、次いで銀山、府中の順である。死亡率は銀山で一番高く、次いで府中、郷村であった。出生率から死亡率を差し引いた自然増加率は、府中で一・一％のマイナス、銀山では一・六％ものマイナスとなったのに対し、郷村では大きな自然増がもたらされた。

鈍翁は「府中の儀人高に応じ候ては生子高多（少の誤りか？）く候は、府中には妻を持不申下人多く、郷村には妻持不申下人少き故にて御座候」（『日本経済大典』第二巻）と、出生率の違いが生じた理由を述べている。府中（一七〇一年、人口約一万六〇〇〇人）と銀山（同約六〇〇〇人）では住民の三割を超える部分が他国出生者であった。その多くは単身の出稼者であったのだろう。他方、郷村では他国出身者は五％に満たなかった。

「九尺二間の裏長屋」

鈍翁は死亡率に関して言及していないが、非農業地域の生活環境が農村より劣悪だったことは想像に難くない。都市部の宗門改帳については、まだ十分に研究が進んではいないが、奈良の事例（東向北町）によって、農村と比べ有配偶が低いうえに有配偶出生率が低いこと、反対にほとんどの年齢層で農村よりも死亡率の高いことが明らかにされている（速水融「近世奈良東向北町の歴史人口学」『日本文化研究』）。十八世紀における世界的にも第一級の大都市江戸について見ると、享保期人口を一三〇万人と推定した場合の人口密度は次のとおりである（内藤昌『江戸と江戸城』）。

武家地	（概算人口六五万人）	一万六八一六人／km²
寺社地	（同五万人）	五六八二人／km²
町人地	（同六〇万人）	六万七三一七人／km²

人口のほぼ半数が、面積では二〇％に満たないところに生活していたのだから、町人地の過密状態は推して知るべしである。ちなみに一九九五年に人口密度が最も高かったのは埼玉県蕨市で一万四一〇〇人、東京特別区（二十三区）は二位で一万二八〇〇人でしかない。俗にいう「九尺二間の裏長屋」も決して言葉だけのものではなかったのである。

大都市で一度に大量の人命を奪ったのは災害と流行病であった。木造都市を度々襲う大火災と大震災。たとえば十七世紀中頃の明暦大火の死者は一〇万人余を数えると伝えられている。また安政地震は大火を伴い一三万余の死者を出したが、この数字は関東大震災の三倍にあたっている。

流行病の被害としては一八五八年（安政五）のコレラが最も大規模であった。この年七月から九月までの二ヵ月間に、江戸市中諸寺の取り扱った死者の数は二三万人とも二六万人以上ともいう。事実とすれば住民の四分の一が死亡するほどの大危機だったことになる。

大都市の死亡率を高めたのは、このような災害年の大量死亡によるばかりではない。コレラほどの烈しさはなかったとしても、インフルエンザ、赤痢、腸チフス様の疾病、痘瘡、麻疹の波が次々に襲ったし、なかば慢性化した梅毒や結核もまた都市に多い伝染病だった。

伝染病ではないが、「江戸煩い」「大坂腫れ」と呼ばれた脚気、劣悪な住宅事情や生活環境からくる乳児死亡もまた、都市住民の死亡率を高めていた。都市の死亡率が農村よりも低くなるのはコレラが鎮静化してくる日露戦争以後のことで、都市の「蟻地獄」現象が解消するのは上水道をはじめとする近代的な都市設備や疫病に対する防疫体制が整備されるまで待たねばならなかった（伊藤繁「人口増加・都市化・就業構造」『日本経済史5　産業化の時代・下』）。

前近代の都市が高死亡率のゆえに人口を維持することができなかったと説明する見方を、ヨーロッパでは都市＝墓場説という。しかし日本の場合、農村と比べれば死亡率が高かったのは事実であるが、ヨーロッパほどではなかったのではないかと考えられている。それというのも、江戸を筆頭とする城下町には広大な武家屋敷と寺社が散在していて、これがしばしば庭園とされ、緑地機能を果たしていたからである。さらに都市内部には武士の乗馬用と荷物を運搬する限られた数の牛馬しかいなかったこと、人糞尿が貴重な肥料として耕地に投入されるため、商品として農村に還流されたこと、資源を節約するためにあらゆる物資のリサイクルが徹底して行なわれていたことも重要である。入浴の習慣と、日常の衣服に頻繁な洗濯が可能な木綿が用いられたことも、清潔を保つうえで効果が大きかったともいわれる。

都市と結婚

高い死亡率だけでなく、都市の出生率が低かったことにも注目すべきである。明治期の統計をみると、十九世紀末まで、多くの都市で出生率が周辺の農村より低かっただけではなく、しばしば死亡率を下まわっていた。江戸時代の都市で出生率が低かった理由は、(1)性比のアンバランス、(2)低い有配偶率、(3)短い有配偶期間、(4)有配偶出生力の低さに求められる。

陶山鈍翁が書いたように、都市は独身男性の多く集まる場所であった。その典型が江戸である。初めて人口調査の行なわれた一七二一年、江戸町方人口五〇万のうち男性は三二万、女性は一八万で、性比は女一〇〇に対して男一八二の高さにあった。建設途上の新興都市で性比が高いのは当然だが、江戸は少なくとも十八世紀半ばまでは男が女の一・七〜一・八倍も多かったのである。しかし再び人口記録の残っている天保期になると性比は一二〇前後まで低下し、一八六七年にはほぼ男女同数に近いところまでに低下した。十八世紀の江戸ほど極端ではないにしろ、江戸時代には他の都市でも、性比が著しく高いことはまれではなかった。その原因はおもに若い男性の職人、奉公人の存在にあった。

かれらはたいてい独身であったから、当然都市の有配偶率を低める要因となる。慶応年間の江戸五ヵ町の有配偶率（五町の平均）は、男子（一六〜六〇歳）が五〇％、女子（二一〜四〇歳）が五九％（南和男『幕末江戸社会の研究』）、幕末・明治初期の京都三ヵ町では同じく男四三％、女六〇％（速水融「京都町方の宗門改帳」徳川林政史研究所『研究紀要』昭和五十五年度）であった。人口三〇〇〇人程度の在郷都市、武蔵国秩父大宮郷（一七七一～七五年）でも、一六歳以上の有配偶率は男四一％、女五八％で、同時代の信濃国湯舟沢村よりも二〇％ポイントも低かった。大宮郷には全人口の一七％を占める奉公人がおり、かれらはすべて独身だった。もっとも農村と比べて、都市の有配偶率が著しく低いのはもっぱら男のほうであった。

これまで都市域の結婚持続年数が計算されたのはごく僅かしかない。秩父大宮郷では二三・四年と長いほうであったが、飛騨高山では市外出生女性で八・九年、市内出生女性で一一・三年でしかなかった（一七七三～一八七一年、佐々木陽一郎「江戸時代都市人口維持能力について」『新しい江戸時代像を求めて』）。都市の死亡率が高いことを計算に入れれば、結婚持続期間は農村よりも短いのは当然である。しかも社会環境が離婚を多くしていたとするならばそれによっても期間は短縮されただろう。

低い出生力

第五章でみたように、都市域では有配偶出生率も農村より小さかった。秩父大宮郷の場合、妻二一～四五歳の合計出生率（期待出生数）は三・一人で、最も出生率の高い新田村落のおよそ半分でしかなかった。その原因まで明らかにすることは難しいが、年齢別出生率曲線を比較すると、二六歳以降の低下が不自然に大きく、なんらかの出生抑制のあったことを推測させる。都市の狭い住宅、相続すべき多くの財産を持たない層の存在、農家とは異なる家意識などが背景にあったであろう。

ただし飛驒高山のように、合計出生率（女子二一〜四五歳）が四・三人（市外出生の妻）ないし四・五人（市内出生の妻）と、農村の水準と変わらないこともあった。もっとも高山の場合には市内出生女子人口の有配偶率が市外出生者と比べて極端に低いこと（半分程度）、そしてどちらにも共通して離婚率が著しく高く、そのために有配偶年数がごく短くなったことが実際には一組の夫婦がもうける子ども数を少なくしていた。

このようにどの要素が強く働くのか、その組合せはそれぞれ異なっていたが、出生率を低下させる力が都市では強く働いていたといえる。低い出生率は高い死亡率とあいまって必然的に都市の人口自己再生産を困難にした。都市の労働需要を満たすためには、周辺農村から大量の人口流入が必要となったのである。

出稼人と他所出生者

東京都新宿区の神楽坂に近い浄土宗光照寺の境内に「為諸国郡邑旅人菩提」と刻ま

れた大きい石碑がある。碑文によるとこの供養塔は一八二五年（文政八）八月に、神田松永町の旅籠屋紀伊国屋利八によって建立されたものという。後に加えられたと思われるものも含めて、文政から安政期に至るまでの旅人の死亡者名が約五十ほど刻まれている。

その生国をみると、最も多いのが信濃、次いで越後で、あとは上州、野州、武州、常州といった関東諸国と陸奥、甲斐、そして遠く美作、備中の名が掲げられている。一旅宿で客死した者というごく限られた資料ではあるが、商用や出稼で江戸へやって来る人々の出身地のおよその見当をつけることはできるだろう。幕末期の宗門改帳の記載によって出生地をみても、他所出生者の生国は大体右の出稼人と同様の分布を示していた。すなわち江戸への主な労働供給圏は関東甲信越を中心に、北は陸奥に及び、西は東海道に沿って伊勢あたりへと広がっていた（図11）（鬼頭宏「江戸＝東京の人口発展——明治維新の前と後」『上智経済論集』三四巻一・二号）。

京都（四条立売中之町）の場合は、越後、備前、長門、豊後を除くと、東は加賀、美濃、尾張、西は但馬、丹波、摂津を限る半径約一二〇キロメートルという江戸と比べると狭い圏内から奉公人はやってきていた（速水融）。

秩父大宮郷のような山間の在郷都市となると、おのずから通婚圏、労働供給圏は狭

図11　都市への人口供給地域

I　江戸住民の出生地
—幕末・明治初期の城南11ヵ町—

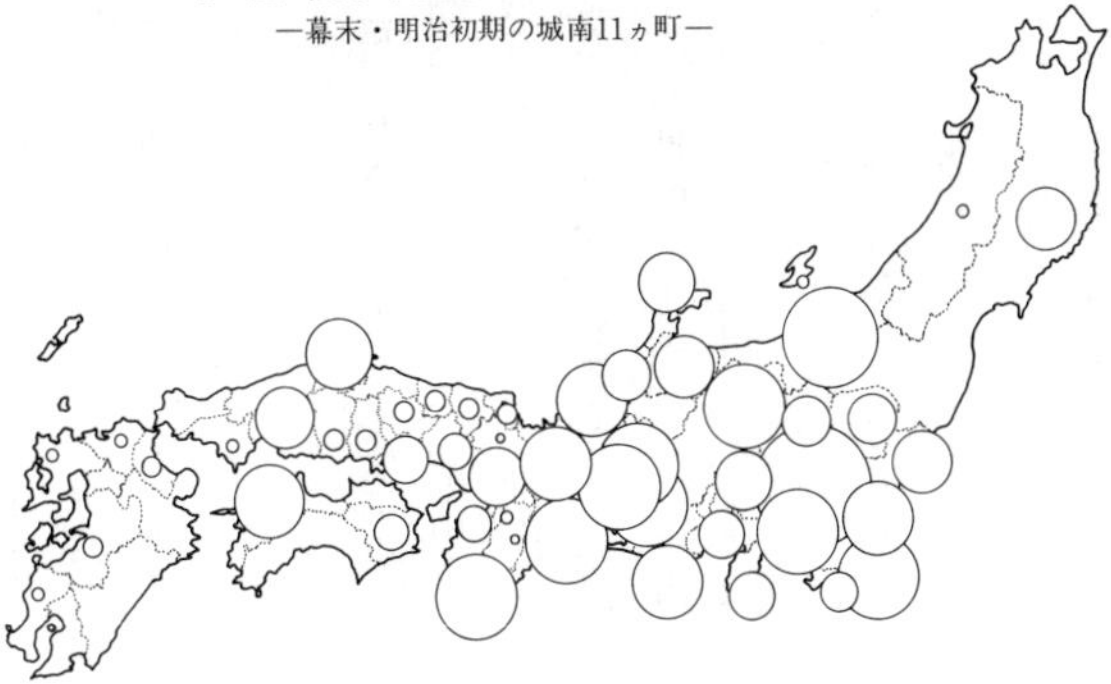

II　京都奉公人の出身地
—二条立売中之町—

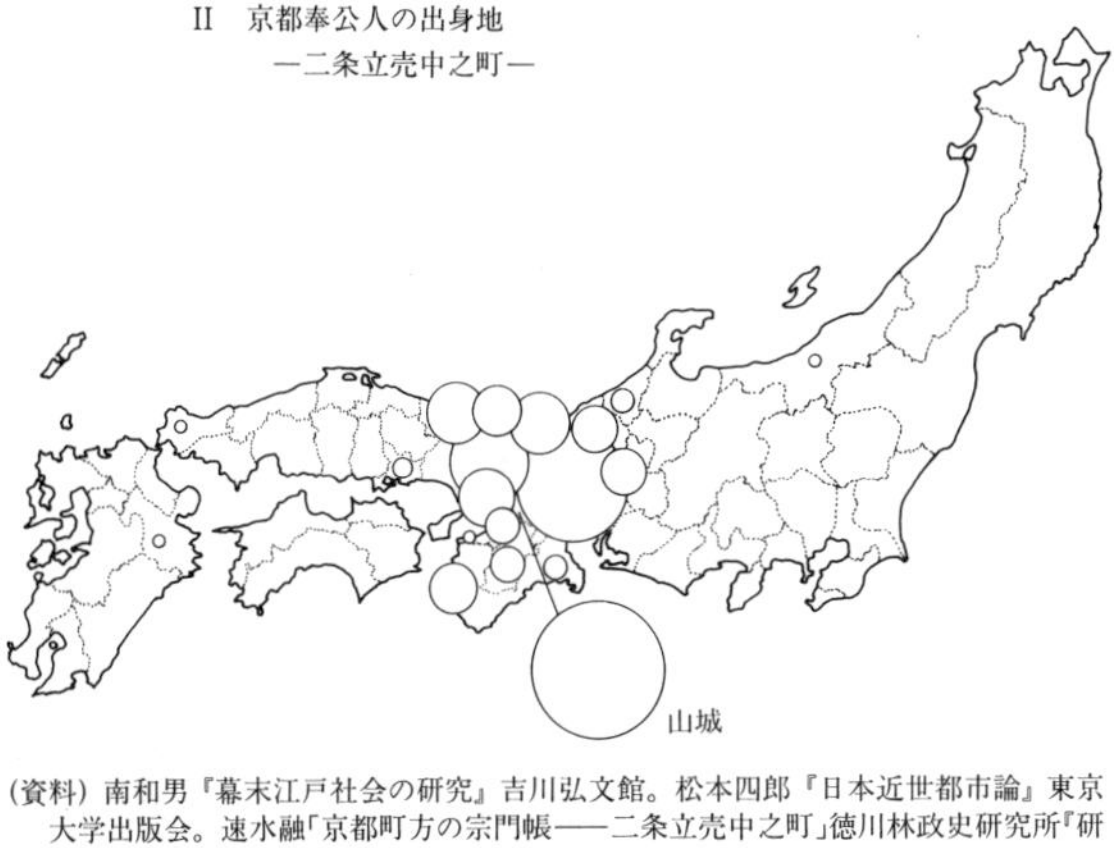

(資料) 南和男『幕末江戸社会の研究』吉川弘文館。松本四郎『日本近世都市論』東京大学出版会。速水融「京都町方の宗門帳——二条立売中之町」徳川林政史研究所『研究紀要』昭和55年度。
(注) 円の大小は人数の多少を示す。

小になる。それでも配偶者の出身地は郷内の比率は比較的小さく、八キロメートル以遠が多いという分布をもち、農村と比べると交流圏はかなり拡大している。下人と抱の出身地は近隣の村落と郷内だけで過半数を占めるが、近江各地からの出身者が二割(下人に限ると六割)もいるように、遠国出身者も少なくなかった。

必要不可欠な人口流入

一八四三年(天保十四)、都市への人口集中を抑制するために、幕府は江戸の人別改めを厳密に行ない、当地・他所出生の別のほかに、新たに出稼人についても調査することを命じた。同年七月の人数高書上によると、町方並寺社門前町人は五五万三二五七人、うち他所出生者は一六万五〇七二人(三〇%)にものぼっている。このほかに出稼人が男二万五八四八人、女八三五三人、合計三万四二〇一人がいた。常住人口に出稼人も含めた現住人口に対する、出稼人と他所出生者の比率は三四%、すなわち江戸住人の三人に一人は江戸出生者ではなかったことになる。江戸で生まれた子どもは父母の出生地にかかわらず江戸出生者となるから、労働年齢人口に限ってみると他所出生者の比率はずっと高くなる。他所出生者の比率は幕末にかけて減りはしたが、依然二〇%を越えていた。

同様の数値を京都（四条立売中之町、一八四五年）でみると、ここでも京都出生者七七％に対し、他所出生者が二三％を占めていた。家族員と非家族員に分けると前者では市内出生者が高く（八四％）、後者では低い（四七％）。他所出生者の都市内部における存在形態を示唆しているであろう。

江戸では幕末期になると他所出生者といえども単身者ばかりではなく、一家を挙げて江戸へ居住する流入民が多くなったようである。しかし戸主の出生地と階層（居住形態）の関連は明白で、他所出生者の大部分は都市下層民の主体を成す店借《たながり》層を形づくっていた。都市はこのような農村人口の不断の流入によって人口を維持することができたのである。

都市の人口維持能力に関して佐々木陽一郎の行なったシミュレーション実験は、きわめて興味深い結果をもたらしてくれる（「江戸時代都市人口維持能力について」）。一七七三～一八七一年の九十九年間にわたる飛騨高山の人口学的観察から得た情報をもとに、市外からの人口流入がある場合とない場合をそれぞれ仮定して人口変化を推計すると、人口流入がある場合には人口は増加できるが、人口流入がない場合には、一世紀後の人口は初期値の三三％へ減少しなければならないという結果がもたらされたのである。

都市・農村間の人口還流

都市が人口調節装置であるなら、農村もまた出稼奉公などを通じてその影響を直接、間接に受けていた。濃尾平野の西部に位置する西条村の出稼奉公人に関して速水融の行なった行動追跡調査にしたがって、農村・都市間の人口還流とその農村人口に与えたインパクトについてみることにしよう。

西条村では一七七三〜一八二五年出生者のうち約半数（男五〇％、女六二％）がなんらかのかたちで村外へ奉公に出た。奉公は平均一四〜一五歳で始まり、一三〜一四年間継続した。死亡以外の奉公終了時の年齢は男三〇・三歳、女二七・八歳である。奉公の経験は、次のいくつかの面からこの村の人口再生産に対して、抑制するように働いた。

(1)奉公先での死亡は終了理由の三八％にもなるが、奉公地別にみると都市・町場における死亡率が高かった。

(2)帰村者も含めて都市奉公経験者と奉公経験のない者を比較すると、男子二一歳以上では明らかに都市奉公経験者の年齢別死亡率が高かった。女性では二一〜三〇歳を除き、都市奉公経験者の死亡率が高かった。以上から、都市における奉公体験は相対的に高い死亡率に結びついたことがわかる。

(3)奉公経験者の結婚年齢は男性ではあまり差はなかったが、女性については非経験者よりも五、六年遅かった。この遅延によって出生数は一・五〜二・四回減少する可能性がある。

(4)出稼は一六〜三〇歳で高い率にのぼったから村落人口の年齢構造にゆがみをもたらした。在村者の有配偶率は高まったかもしれないが、最も出生力の大きいはずの二〇代前半の有配偶女子人口は少数に抑えられた。(3)、(4)を通じて、女性の奉公経験は明らかに出生を抑制する働きをしていたのである。

ヨーロッパでは十六・十七世紀にプロト工業化と呼ばれる農村を基盤とした工業化が進展したといわれる。穀作と原材料農産物の生産がそれぞれ特化し、また農村内に加工業が立地した。そのようなところでは青年男女が就業機会に恵まれ、賃金を得ることができたので、経済的に自立することが可能になった。結婚が容易になったために、人口成長が起きたとされる。しかし日本ではそのような現象は起きなかった。若者が、副業、余業、奉公、出稼などさまざまな形態で農業およびその他の賃金労働に就く機会が増えても、奉公人の立場で結婚することはなかった。家制度のもとで、結婚は個人的なイベントとしてではなく、家の問題とみなされていたからである。それが奉公経験が晩婚をもたらし、出生率の低下に結びつく背景であった（斎藤修『プロト工業化の時代』）。

十八世紀都市経済と人口

十七世紀は都市革命の時代だった。都市人口比率はおそらく二倍、都市人口そのものをさらに数倍する勢いで増加したと思われる。十八世紀前半に都市人口は四〇〇万人以上、都市人口比率は一三〜一四％であったと推定される（鬼頭宏「日本の国土経営の基礎構造」『国土経営における大都市の機能と役割分担に関する研究』〈報告書〉）。

その最も象徴的な存在が江戸であり、大坂であった。各地に城下町を中心とする新都市が建設されて、農民は強制的にあるいは自発的に、都市へ集住して新しい都市民となった。それだけの人口を送り込む余力が、人口膨張を背景に農村にはあったのである。

十八世紀中期以降、都市の発展は転機を迎えた。依然として幕府および諸領主の財政支出を中心とする都市消費需要は大きかったが、その吸引力には限界があった。硬直的な石高制と収穫逓減的な農租に基礎を置いた幕藩経済の当然の成行きだったのかもしれない。

図12　江戸・大坂の町人人口

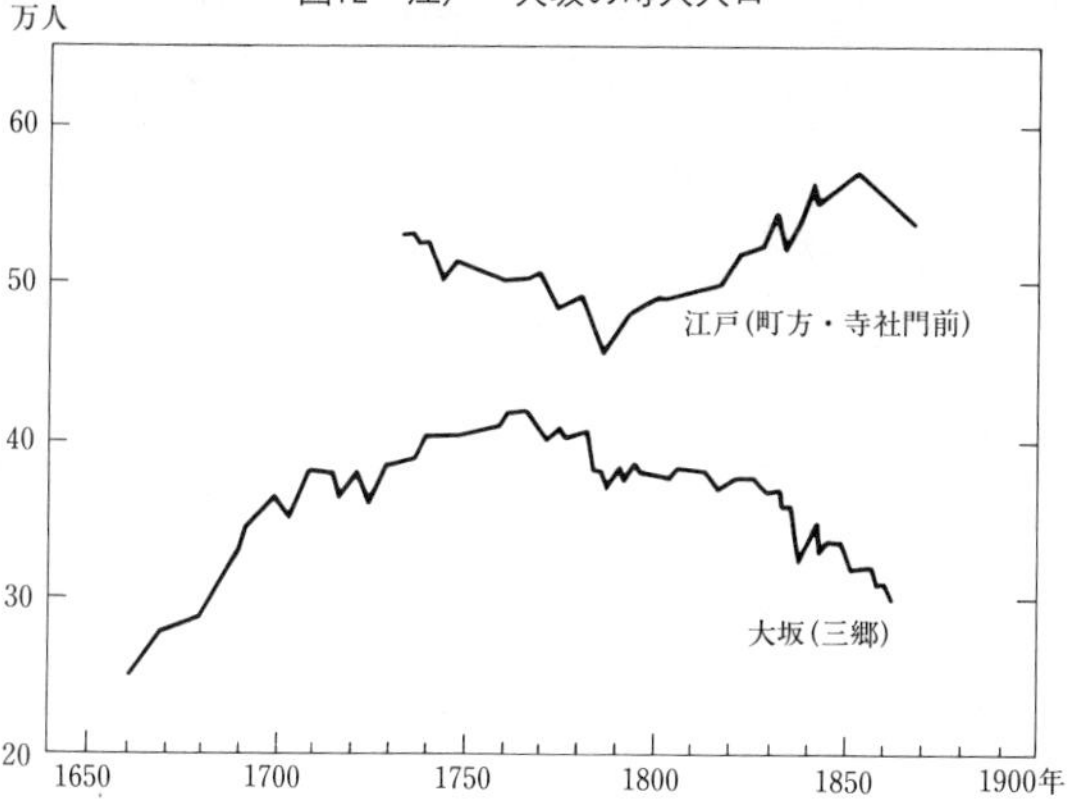

（資料）幸田成友『幸田成友著作集』第二巻、中央公論社。大阪市役所『大阪市史』（復刻版）第一巻、第二巻、清文堂。

大都市へ人口を送り込んでいた周辺地域の人口減少もわざわいしただろう。農村からの人口流入は持続したであろうし、とくに大凶作の時期には急増することもあったと思われる。それにもかかわらず、大坂三郷の人口は一七六五年に頂点に達し、それ以後回復することはなかった。享保期以後減少した江戸町人人口が再び享保の人口規模を取戻したのは天保期以後のことだった（図12）。十八世紀後半以後、江戸と大坂の人口の動きは対照的であった。大坂が経済（生産・流通）の中心として十八世紀中期以降、顕著になる地方経済の躍進の影響を強く受けたのに対して、江戸は最大の城下町としてつねに大きな財政支出と武士の私的な消費支出があったためである。

江戸時代後半の都市人口は四〇〇万人台で停滞した。T・C・スミスによれば、十八世紀および十九世紀前半に城下町を中心とする都市は、一般に停滞するか人口を減少させるかしたが、それは経済成長がなかったからではなく、反対に成長があったためであるという。逆説的なこの現象は、都市ではなく、周辺の農村地域の商工業的発展に原因があった。農村における経済成長は数多くの在郷町を発展させた。そして在郷町成長の過程で、農村から（大）都市へ向かう人口移動の流れは変わり、在郷町を太らせる一方、既成の都市を痩せさせたのである。日本の前近代経済成長、あるいはプロト工業化は都市の成長を伴わない性質のものであったという（「前近代の経済成長」）。

2　出生制限の理由と方法

深沢七郎の世界

深沢七郎の作品『楢山節考』『東北の神武《ずんむ》たち』『みちのくの人形たち』にはひとつの共通項がある。さて、三作品を結ぶ一本の糸、それは何だろうか。

答えは「人口調節」である。改めて説明するまでもないが、『楢山節考』は口べらしのために老人を棄てなければならない息子と老母の物語である。『東北の神武たち』は分家させてもらえず、それゆえに結婚もできない次男・三男の性的飢渇をめぐる悲喜劇、そして三番目の作品は間引の風習を遺す東北のある村を訪ねる都会人の話である。

棄老、強いられた独身、間引を、もちろん深沢七郎は人口学的な意味で取り上げたわけではないが、多少なりとも現実的な人口調節の手段となっていた時代があったのである。伝説的な棄老については、ここでは取り扱わない。これは生産に直接貢献できなくなった老人を社会から排除するという、まったく荒々しい方法であったが、狩猟民の社会にはしばしば見られるという。現代でも一九八二年十一月にウガンダで、ルワンダ難民の老人たちが集団自殺を図ったというセンセーショナルな出来事が伝えられた。乏しい食糧を少しでも子どもに与えるための行為だったという。

結婚の社会的抑制は有配偶率を抑えて出生を制限する方法である。西ヨーロッパの前近代社会では、経済的独立が結婚の前提となっていたから、これが一般的かつ有効な役割を果たしていた。しかし日本では十七世紀から十八世紀にかけて、ほとんどの男女が結婚するような社会に転じてからは未婚の役割は限定的となり、代わって結婚後の出生制限へと重点が移っていった。

江戸時代に実行された出生制限は、現代と比べればやはり荒々しいやり方で実行された。間引であり堕胎である。長期の授乳や禁欲を除いて、これといって有効な器具や薬品がなかったので、確実な避妊を望むことはきわめて困難であった。それに代わって間引、堕胎が江戸時代の家族には広く受け容れられることになったのである。

堕胎・間引の動機

江戸後期の経済学者、佐藤信淵は著書『草木六部耕種法』のなかで次のように述べている。

何《いず》れの国も貧乏百姓のみ極めて多くして、富饒《ふじよう》なる村里あること鮮《すくな》し、百姓貧窮して食物、衣服の給ざるが故に、婦人胚胎と雖《いえど》も、其児を養育すべき儲蓄なくして、往々密《ひそか》に此れを堕胎すること多し、近来何の国にも百姓人別漸々減少に及ぶことは皆これが為なり。

信淵によれば、貧窮が堕胎を促し、堕胎が盛んに行なわれた結果、農村人口が減少したのだという。このような論理でもって人口減少を指摘した者は、現代の通説も含めて、信淵にとどまらず数多い。

伝承、聞書、禁令などによっても、前工業化時代の日本で堕胎、間引が慣習化していたことは明らかである。太田素子を中心に堕胎、間引に関する伝承や記録を渉猟した労作（『近世日本マビキ慣行史料集成』）によれば、この種の慣行がどこでも広く行なわれていたことを知ることができる。しかしそれがどの程度の頻度で、どのような拡がりをもって行なわれていたのかというと、事柄の性質上、直接それを示す史料を求めるのはまず無理というほかない。ことに宗門改帳を通して堕胎、間引の存在を検証することは、乳児の登録が不完全である以上、不可能のように思われる。

しかし十九世紀前半の武蔵国甲山村で観察された次の事実は、いくぶん不自然な出産行動のあったことを示唆しているようである。これを、出生抑制と結びつけて考えることはできないだろうか。

甲山村の完結家族の中から三組の例を示そう。

まず喜兵衛の妻ゆふの場合である。ゆふは一八二五年に一七歳で結婚、三年後に二〇歳で女児を出産、その七年後（二七歳）に女児、そして十年後（三七歳）に男児を得た。次に、金八の妻そめは、一七九七年に一九歳で結婚、二〇歳で男児を産み、二五歳、二九歳、そして四四歳でいずれも男児を得た。

この二組と対照的なのは、弥八・てつ夫婦である。一八二七年に一七歳で結婚したてつは、第一子を一八歳で産んだのち一八五四年、四四歳までに九人の子を産んでいる。一六歳で結婚し、三四歳までに九人を産んだ別の例と並び、てつはこの村で最も多産な女性だった。

ゆふとそめを、このてつと比べると、五〇歳になるまで結婚が続いていたにもかかわらず、子の産み方にはかなりの違いを認めざるをえない。まず出生間隔についてみると、多産なてつの場合、平均出生間隔は三・〇年であるのに対し、ゆふは六・七年、そめは六・三年と二倍以上も長い。しかもバラツキが大きいという特徴もある。次に、そめの産んだのは四人とも男児であり、ゆふの場合も十年という異常に長い間隔をおいて生まれたのは、男児だった。このことは、少産の原因が登録されなかった乳児死亡にあるというよりも、むしろ性選択的な間引の行なわれたことを疑わせるのである。しかも保有石高からみて、てつの家は上層、ゆふ・そめは下層農家であったことは示唆的である。

もっともこれだけのことから出産数の少ないことが不自然であるとは言えない。そのためにはなるべく多くの事例を集めて、厳密な統計的観察をする必要がある。

人口統計の上に堕胎・間引の跡を調べる前に、その動機ないし目的と、その手段、方法について概観しておこう。手掛りとするのは、柳田国男の指導のもとに、一九三五年に恩賜財団母子愛育会が実施した産育習俗調査の結果である。全国各地の民俗研究者から寄せられた回答は府県別に整理されて、いま『日本産育習俗資料集成』として刊行されている。

出生制限の動機について。「避妊・堕胎・間引」に関する回答を寄せた府県は三十八あり、堕胎・間引の動機に答えたのはのべ四十六府県あった。圧倒的に多いのは子ども数が多すぎるという理由（十四）で、これに貧窮（二）を加えた経済的理由が支配的であったと言える。当然、望ましい子ども数が人々の頭の中にあったことだろう。もうひとつの大きな理由は婚外出産である。「不義・密通」（六）、未婚（五）、寡婦（二）の出産は避けられねばならなかった。出生児が双子（三）や障害のある場合（二）、または高齢出産（三）であることなどは、育児上の負担が大きいためということもあろうが、多分に外聞を意識したものであったろう。このような動機は現代の日本でも全く変わらない。一九七二年（昭和四十七）の調査によると、生後二十四時間以内の嬰児殺しの動機の第一位は「世間体を恥じて」であり、次が「貧困」であった。ただし未婚者と既婚者では主なる動機は異なり、前者では「世間体」、後者では

「貧困」が重きをなしていた（佐々木保行「わが国における子捨て・子殺し」『書斎の窓』三一九号）。また性別では、女児であることを理由として挙げている府県（五）もやはり多かった。

出生制限の方法は実に多様である。まず避妊からみると、方法として回答されたもののなかには全く有効性が期待できないものも多い。上の子の授乳を長びかせていつまでも乳を吸わせるとか、灸をすえるとかは実効も期待できるが、ほおずきを食べる、トメ、スミ、キリなどと命名する、神仏へ祈願するなどはまったく効果はなかったであろう。産湯をつかったタライの底を妊娠したくない年または月の数だけ叩くなどの象徴的行為、底のないヒシャクや袋を神仏に奉納する行為も、興味深いが、避妊の成功に結びつかない。

避妊が不確実で困難であるとすれば、堕胎・間引への依存が強くなるのは当然の帰結だった。しかし堕胎は母体にとって、極めて危険に満ちた行為だった。都市では「朔日丸」などと称する堕胎薬の利用もあったようだが、一般には、なんらかの薬効が期待できる植物（ホオズキ、フキ、ゴボウなど）の根や茎を膣内に挿入して流産させるか、細くて堅い植物の茎・根や針を使って搔爬《そうは》することが多かったようである。リキとかコサシバアと呼ぶ専門家も存在したが、感染症による母体への影響は無視できなかったから、堕胎の危険を避けて出生後の間引に頼ることが多かったとも言われている。

間引くことを返すとか戻すと表現する地域が多い。ふつう子オロシを堕胎、出生後の嬰児殺しを間引と解釈しているが、江戸時代に厳密に両者を区別していたかどうかは不明である。堕胎にせよ嬰児殺しにせよ、子供数を制限し、出生間隔を調整する行為はすべて間引と考えられていたのであろう。当時の人々の感覚では、生まれたばかりの子はまだ「出生」したとはみなされず、生かすことが決定された時に、初めて社会的に出生と認められたのである。多くは産声をあげる前に窒息か圧死させるかしたのだが、避妊や堕胎とちがい、性別や身体状況を見届けたうえで選択的に実行できる点で、当事者にはより好都合な面があった。

宗門改帳と出生制限

ここまでの予備的考察から江戸時代の出生制限に関して、次のような行動仮説をたてることができる。

(1)農業社会では将来の労働力として男児の誕生が好ましいものとされ、間引は女児に対してより強く行なわれた。
(2)制限は一定数の子がすでに存在するような場合に始められる。保有農地の小さい階層ほど早い時期に、また頻繁に実行された。

もし右の仮説の通りに人々が行動していたとすれば、宗門改帳の出生記録には次のような傾向が見られるはずである。

(1′)女児が間引の対象になりやすいなら、宗門改帳に登録される子の出生性比は異常に大きいという歪みが生じる。ただし出生制限の方法として性別を選択できない避妊、堕胎が採用されている場合にはこの限りでない。
(2′)子どもを望ましい数だけ生んだあとで出生制限が行なわれるならば、出生順位による出生性比、出生間隔、母の年齢階級別出生率に差異や不自然な歪みが生じるだろう。
(3′)そして右の徴候は低い経済階層でより明瞭に認められるにちがいない。

それでは実際に宗門改帳の上に出生制限からくる歪みを読みとることが果たして可

能なのだろうか。さきに三組の夫婦の事例をひいた甲山村の場合を、出生性比を手掛りに検討してみることにしよう。

この村では保有石高の大きい農民層と小さい層の間に、完結家族の生涯出生数で一人以上の開きがあった。この差は結婚年齢よりも、妻の出生力によってもたらされたことが明らかだった。妻の最終出生年齢は上層三九歳、下層三六歳であることも、出生力の格差が意図的な出生抑制に起因していることを想像させるのだが、果たしてその通りなのだろうか。

この点を検討するために表19を用意した。性比の不均衡は下層農の第三子以後に集中し（出生性比一九三）、とくに最終出生児の性比が異常に大きくなっている。また、この

表19　出生順位別性比（武蔵国甲山村、1792〜1871年）

	出生順位[1]					最終出生児[2]
	1	2	1+2	3以上	合計	
I　上層						
男	14	9	23	16	39	6
女	14	8	22	20	42	5
性比	100	113	105	80	93	120
II　下層						
男	41	34	75	56	131	39
女	45	31	76	29	105	14
性比	91	110	99	193	125	279
合計　男	55	43	98	72	170	45
女	59	39	98	49	147	19
性比	93	110	100	147	116	237

（出所）鬼頭宏『徳川時代農村の人口再生産構造――武蔵国甲山村、1777―1871年」『三田学会雑誌』71-4。
（注）1)出生時の生残順位。
2)妻が40歳になるまで結婚が継続したケースのみ。

ような出生性比のアンバランスはいつでも見られたわけではなく、出生率が著しく低水準にあった一七九〇年代と一八五〇年代に集中しており（性比一九〇）、他の期間には正常な値を示していた（一〇七）。

以上により、甲山村では不自然な出生性比が間引によってもたらされたものであると推測することが許されるであろう。階層、出生順位、年代によって、集中的に不自然な性比が出現したことは、間引に関するわれわれの「常識」と矛盾するものではない。

しかし、美濃の一農村の出生行動を詳細に分析したT・C・スミスは、間引の行なわれていたことを認めたものの、甲山村とは相当異なる側面を明らかにした（Nakahara）。この村では、普通予想されるのとは全く異なり、上から下までどの階層でも間引は実行され、しかも豊凶を問わずどんな年でも行なわれたようである。「ナカハラ」（浅草中村）で間引を行なう理由は単純ではなかった。農地規模と家族規模の調和、男女数のバランスの取れた組合せ、育児のうえで好ましい出生間隔。要するに間引は、貧窮に喘ぐ状態でやむにやまれず選ばれた手段ではなかった。将来の生活水準を維持、向上させるという目標を達成する能力と長期的視野を必要とした。これがスミスの結論である。

しかしスミス自身が書いているように、この美濃の農村が日本のすべての代表例ではなかった。東北、関東は濃尾地方とは異なった行動を見せたかもしれないし、北陸は間引をとくに厳しく戒めた真宗地帯であるという理由でまた別だったであろう。都市は農村とちがう伝統に支配されていたかもしれない。東北から濃尾にいたる各地の農村女性の出生力を比較し、統計的に人口制限指標を算出した友部謙一によると、近世日本ではヨーロッパとちがい一定の子ども数に達してから出生抑制を行なう方法（「パリティ依存」の出生力抑制）は一般的ではなかったという（「近世日本農村における自然出生力推計の試み」『人口学研究』一四号）。ただし東北農村ではそれを疑えるような年齢別出生率の形状が認められている。さきにも触れたように日本では出生間隔が予想されるよりも長く、かつ均等である傾向が認められるが、これも文字通り「マビキ」によりもたらされたものであったろう。

もっともそれがすべて堕胎と嬰児殺しによるものであったかどうかはわからない。むしろ性行為に関する禁忌や慣習、長い授乳期間の役割がもっと重視されるべきであろう。捨子、養子、奉公も視野に入れて、幅広く子ども数の調節について検討しなくてはならない。出生制限だけではなく、江戸時代の人口に関しては、まだまだ未知の部分が多いのである。

出生制限の意味

江戸時代の人々は、なぜ危険がいっぱいで悲惨な方法を用いてまで人口制限を行なおうとしたのだろうか。間引や堕胎は時代、地域を越え、さらに階級を越えて実行されていたという。下層武士（旗本）のあいだでさえそれは常識であった。これらの行為は農村の貧窮、都市の道徳的頽廃の結果であると主張され、その非人道的な面が非難される。確かにその通りに違いない。

しかし立場を変えて経済学的な目で見ると、別の評価を下すことも可能となる。通説に反して、人口制限は真の困窮の結果ではないと見る立場が増えている。むしろ人口と資源の不均衡がもたらす破局を事前に避けて、一定の生活水準を維持しようとする行動であったというのである。その見方を受け入れるならば、堕胎も間引も幼い命の犠牲の上に、すでに生きている人々の生活を守ろうとする予防的制限であった。生産の基盤も、技術・知識の体系も現代とは異なる社会であったことを理解しなければならないだろう。結果的に出生制限の幅広い実践は前近代経済成長を助け、一人あたり所得を引きあげることに成功したと考えられる。それが十九世紀後半に工業化の過程へ離陸するさいに、日本と中国の歴史的運命を決定する重要な原因だったとする仮説がたてられていることは、すでに指摘しておいた。

堕胎・間引の禁と民の諭し

もちろん江戸時代においても堕胎・間引が是認されていたわけはない。『子孫繁昌手引草』のように、間引の非人間性を諭す目的で数多くの印刷物が出版され、仏僧や農村改良運動家たちの手によって広く流布された。

幕府、諸藩も、倫理的と言うよりはむしろ幕藩体制の基礎である農村経済を強固に維持するためであったとしても、人口制限に対する禁令を出すとともに、さまざまな対策を講じた。なかでもよく知られているのは、寛政から化政期にかけて職にあった三人の幕府代官、常陸の岡田寒泉（寛政三博士の一人）、関東地方六ヵ国の天領を支配した竹垣直温《なおひろ》、磐城の寺西封元《たかもと》の治績であろう。

東北から関東にかけての地帯は十八世紀の人口減少は甚しかったが、それは凶作の直接の打撃によるとともに、堕胎・間引の常習地帯であるという事情があったようである。その防止を図るために、右の三人の代官支配地では妊娠した者の監視を厳重に行ない、懐妊書上帳がつくられた。出生児に対しては今の児童手当にあたる養育金を支給することによって出産を奨励し、堕胎・間引の主因となっていた経済的困窮を救おうとしたのである。同じ趣旨の調査と養育手当を支給する制度は陸奥の諸藩、美作《みまさか》（津山）、肥前（唐津）などでも行なわれていた。

第七章　工業化と第四の波

1　現代の人口循環

工業化と人口成長

一八七二年、近代的戸籍制度が始まったこの年、日本の人口は三四八一万人（戸籍人口）を数えた。その後人口は年ごとに増加し、一九〇〇年四三八五万人、第一回国勢調査の一九二〇年には五五九六万人へと増加した。途中に第二次大戦をはさみながらも年率一％を超える成長を続けて、一九六七年には一億人を突破、現在では一億二七〇〇万人に迫ろうとしている。しかし近代人口成長も永遠に続くものでないことが確実になった。日本人口は二〇〇七年を境に減少するとみられているからである。第四の波も、いよいよ最終の停滞局面に移行しつつある。

現代の人口成長が工業化と強い関連を持っていることは明白である。工業化社会を生み出した産業革命の基本的特徴は、文明が依拠するエネルギー源を生物的資源から非生物的資源へと転換したことにあった。石炭、石油、天然ガスといった化石燃料や、原子力、おもに水力発電の形で利用する自然力などの、非生物的エネルギー資源の大規模な使用が、いくつかの側面から未曾有の経済成長と人口成長を可能にした。

まず第一に、非生物的エネルギー資源の利用は、耕地を大幅に食糧生産に振り向けた。薪炭生産のための林野や、役畜飼育のための牧草地・飼料畑を必要としなくなったからである。つぎに、更新可能ではあるが生物の生育速度に束縛されていたエネルギー供給が、その制約から解放されたからである。いつでも必要なだけのエネルギーを取り出して、人口成長を上回る経済成長を達成することができた。そして最後に工業生産物が農業生産力を高い水準に押し上げたことも重要である。機械力の導入、農薬・化学肥料の投入はそのもっとも目覚しいものであろう。

人口成長の始まり

しかしながら、右に述べた事実から人口成長が工業化=近代経済成長の結果始まった、と言おうとするなら、それは誤りである。日本における工業化の始期は一八八〇年代半ばに求められるが、人口成長の始動はそれよりおよそ半世紀前に遡りうるからである。
幕府の全国人口調査によると、十八世紀の人口減退からの回復は十八世紀末に始まり、次の世紀に入るといたって順調だった。全国人口は一七九二年に底を打つと以後は増勢に転じ、一八二二年にはそれまでのピーク人口（一七三二年）の九九％まで回復するに至った。しかし世紀の交替期三十年間の増加は、十八世紀中・後期の減少に対する補償的増加と言うべきものであった。人口成長の新たな局面は一八二〇年代以後に始まる。

図13　第四の波

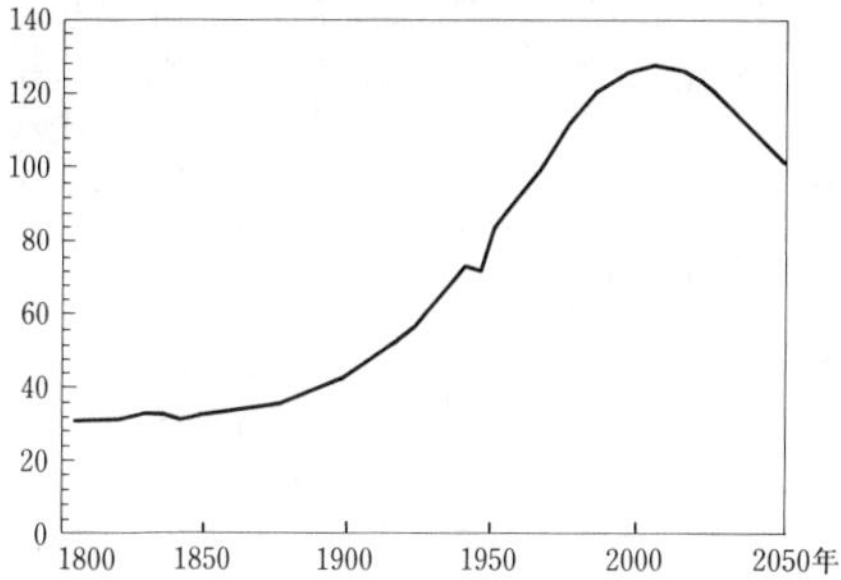

　幕府の全国人口調査の結果がわかる最後の年一八四六年と、近代戸籍制度がスタートした一八七二年にはさまれる二十五年間は、全国人口の空白期間である。しかしこの期間は人口成長の始期を探るうえで重要な時代である。十九世紀の人口増加は、一八二八年に江戸時代の最大人口を記録したのち天保期には打撃を受けるが、その減退は一時的であり、短期間に回復した。安川＝広岡による一八六五〜一九二〇年の推計人

口と結んでみると、一八二〇年代の増加は徐々に加速しながら、明治期の人口成長に接続していったことがわかる（図13「第四の波」）。

日本で初めて年齢各歳別の人口を公表した一八八六年の『日本帝国民籍戸口表』（明治十九年十二月三十一日現在）は、空白の四半世紀を含む人口情報のタイムカプセルである。これを利用して十九世紀初期の文化期以降の出生数を推計してみると、文政期の一八二〇年前後から徐々に出生率が上昇してきたことが推察される（鬼頭宏「明治・大正期人口統計における出生」）。

初期の人口成長要因

明治期の人口成長を論じた梅村又次は「上昇トレンドの始動とその持続的発展とは分析的に区別して取り扱われるべき」ことを提案し、上昇トレンドの始動は経済成長をまつことなしにも起こりうると指摘した（「明治期の人口成長」）。その人口成長始動仮説にしたがうと、化政期の人口増加のメカニズムは次のように説明できる。

凶作・疫病のない平常状態がある期間にわたって持続すると、平年率においては出生が死亡を上回るのがふつうだから、それだけで人口成長は始動しうる。十九世紀初頭はちょうどそのような時期であった。一方、出生率は近い将来にわたって予想される所得水準と死亡率の関数である。社会に楽観的な予想がもたれるようになった十九世紀初頭には、出生率を高める要因もまた備わっていたと言えよう。

おそらく十九世紀初期の人口成長は、十八世紀末からの回復の余勢を駆ってこのように始まったと推測できる。しかしそれだけでは持続的成長にはならなかったであろう。人口成長が有効需要を増大させ、経済成長を誘発しなければならなかった。この点においても、最近の経済史研究は肯定的である。文政改鋳、そして人口増加による物価上昇は、賃金・年貢率の硬直的だったことから利潤を増大させ、予想利潤の上昇が民間投資を誘発して幕末の経済発展を実現した。それは新田開発件数の増加、日本海海運の発展などに見ることができる。開港もまた人口成長を下から支え、明治期へと送る役割を果したであろう（梅村又次「幕末の経済発展」）。

人口動態

初期の人口成長にとって、出生率上昇と死亡率低下のどちらが大きく寄与したのであろうか。出生と死亡の登録漏れを後年の申告にもとづいて補正した内閣統計局公表値によると、明治期の成長はもっぱら出生率の上昇にもとづいている。赤坂敬子の修正値もこれに近い。しかし反対に、死亡率の低下を強調する人口学者の推計も少なくない。どちらが真実に近いのだろうか。

高瀬真人によると一八八四年の「墓地及埋葬取締規則」の施行によって、死亡の届出が厳密に行なわれるようになり、それによって出生登録も改善されたので、政府の公式統計もこの頃から信頼できるものになったという（「一八九〇〜一九二〇年のわが国の人口動態と人口静態」）。

過去に遡って人口動態を推計する場合に、逆進生残率法という手法が用いられることが多いが、この方法はあらかじめ年齢別死亡率、すなわち生残率が一定の割合で改善されてきたことを前提とするのがふつうである。つまり死亡率低下を前提として出生率の動向が決まってくるのだから、はじめから結論が出ているようなものという欠点がある。

江戸時代の人口現象に関する観察を前提とするならば、緩やかな出生率の上昇と死亡率の低下が両方起きたことを推測することができる。幕末の経済発展は、西ヨーロッパの一部で観察されたように、本格的な工業化に先だつ「プロト工業化」が結婚年齢を低下させ、出生率を高める作用はしなかったのではないだろうか。女子の結婚年齢がこの時期に顕著に低下した証拠はない。むしろ女子の労働参加は初婚年齢を高めた可能性のほうが高い。むしろ生活の向上による出生力の上昇と、出生抑制の緩和が、出生率を上昇させたということは大いにありうることである。

死亡率の改善は天明期以後、平年率への復帰のかたちでありえたし、着実な生活水準の上昇、十八世紀後半から定着しつつあった西欧医学の貢献、とくに文政期から試みられ、嘉永以後本格的に導入された種痘の効果は期待できるものである。総合的に判断すると、特別に有配偶率や著しい出生力の上昇がなくても、初期の出生率上昇は意図的な出生抑制の緩和によって容易に達成されえたであろう。ただし、死亡率がただちに改善されることになったとはいえない。とくに寿命の長さに強く影響する乳児死亡は、出生数の増加によって増えたであろうし、都市化によって乳児死亡率は上昇する傾向があった。

人口転換

一九二〇年代は日本の人口にとってひとつの転機となった。それは一口で言えば人口の近代化が始まったということである。工業化に伴う近代的都市生活の形成と都市化のいっそうの展開もそこには含まれる。人口動態についてみると、出生率は都市部では二十世紀初めから低下していたが、一九二〇年の半ばを過ぎると郡部でも低下が明確になってきた。他方、死亡率は一九二〇年以後着実に低下を続けたが、改善の速度は、人口十万人以上の大都市で著しかった。一九二〇年頃はまだ大都市の平均余命はその他の市町村を大幅に下回っていたが、そのキャッチ・アップの度は目覚しく、三〇年代半ばには完全に都市の平均余命が逆転して優位に立った。

出生率は第二次大戦直後のベビー・ブームを過ぎると、一九五〇年以降急速な低下をみせて、一九五五年以後二〇パーミルを割った。死亡率も一九四八年以降急激に低下して、一九六六年以降は七パーミル以下で推移している。こうして日本の人口転換は一九六〇年代に成就された。

死亡率の改善は、もちろん保健衛生・医薬技術・社会資本・衣食住の向上の結果であった。他方、出生率低下は出生力の著しい縮小が原因である。それは二〇歳未満と三五歳以上でとくに著しかった。前者は女子の進学率の上昇と就職率の上昇により、後者はもっぱら産児制限による出生抑制が原因だった。

人口再生産の面からみると、女性の各年齢階級ごとの出生率を合計した合計特殊出生率は、第二次大戦後の一九四七年では四・五四あったが、五〇年代は急激に縮小し、一九五七年以後はだいたい二前後で推移してきた。ところが一九七五年についに二を割りこんでからも低下を続け、一九八九年にはそれまでの最低であった丙午年《ひのえうま》の一九六六年を下まわる、近代統計史上最低を記録し、いわゆる「一・五七ショック」

が日本中を走った。さらに一九九八年には一・三八まで下がっており、スペイン、イタリア、東欧諸国に次ぐ低水準である。この現象は、乳児死亡率の著しい改善が少産でも人口再生産を可能にしたからであったが、個々の家族レベルでみれば、生活水準の向上を意識した少産志向の結果であった。

合計特殊出生率の低下が続き、人口規模を維持するのに最低限必要な人口置換水準（二・一）からの大幅な乖離は、さらに大きくなっている。二〇〇七年になると人口は頭打ちになり、死亡率が出生率を上まわることによって人口は減少に向かうと推定されている。国立社会保障・人口問題研究所の推計（一九九七年）によると、比較的楽観的な中位推計でも、二十一世紀後半に一億人を割り、二一〇〇年には六七〇〇万人まで減少するとされる。

日本人口の変動

現代の人口循環は、過去の三つの波と同様にさまざまな構造変化をもたらした。それは私たちの生活の営み方や社会、家族に対する考え方を大きく転換させる力をもっていた。変化は一九二〇年頃まではゆっくりしていたが、一九五〇年を境にして激変した。その過程については詳細な分析が多数あるし、「歴史」人口学の対象ではないので、ここでは内容を列挙するにとどめよう。

(1)工業化の進展は第一次産業就業者の割合を減少させた。第二次および第三次産業就業者の増大は都市化と結びついている。人口の都市集中、とくに七大都市圏への人口集積はそこに過密化をもたらし、農山漁村地域には人口過疎が深刻化した地域が生まれた。人口分布の状態は今後も大きく変わるとは思えない。

(2)人口転換によって年齢構造は著しく高齢化の度を増した。六五歳以上人口の割合は一九九七年にはついに年少人口を上まわり、九八年には一六％台にのった。その結果、老年人口の年少人口に対する比率である老年化指数は一九二〇年に一四・四であったが、一九九八年には一〇七・六へと上昇した。いうまでもなく、少子化と平均余命の伸延が原因である。

(3)出生時平均余命は、第四回生命表（一九二一〜二四年）の男四二・〇六年、女四三・二〇年に対して、一九九八年には男七七・一六年、女八四・〇一年と世界最長寿国となった。十八・十九世紀からみると二倍半は長くなっている。これは出生数の減少とともに、とくに女性のライフ・サイクルに大きな変化をもたらした。

(4)少産傾向と核家族化は平均世帯規模を著しく縮小させた。一九九五年の普通世帯の平均規模は二・八八人で、一九二〇年（四・八九）の五九％でしかない。晩婚化から非婚化へと進み「シングル社会」に向かう家族概念の変化は、さらに規模を縮小させると推測されている。単独世帯は若者に限らない。核家族はライフ・サイクルの最終ステージでは老年の単独世帯を生むからである。一九六〇年と九五年を比べると、六五歳以上の親族のいる一般世帯のうち、単独世帯は五％から一七％へ、夫婦世帯は六％から二四％へ増加している。

2　家族とライフ・サイクル

変貌する家族

現代の人口学的変化のなかで、最も身近な家族の問題を取り上げて、われわれの時代の人口学的特徴が個人の生活にどのように反映しているのか明らかにしてみたい。

一九九五年の日本の平均世帯規模は三人を割り、さらに縮小する傾向にある。日本で世帯規模の縮小が始まったのは一九五五年以降のことだった。普通世帯の平均人員は一九五五年の四・九七人から、六〇年四・五四人、六五年四・〇五人、七〇年三・七〇人、七五年三・四五人へと急速に縮小してきた。

一九五五年といえば、戦後の混乱期を抜け出した高度経済成長の幕明けの頃である。経済・社会が高度に工業化されていくとともに、家族に関する考え方が大きく変わった。世帯規模の縮小もその現れにほかならなかった。

一九五五年以前はどうだったかというと、明治以降の大きな社会変化にもかかわらず、世帯規模に関する限り、明治初年、いや江戸時代中期から二百年以上ものあいだ大きな変化は見られなかった。

江戸時代に関しては全国的な数値が得られないが、比較的広い領域にかかわる人口データを集めてみると、東北・九州などでは五・五人以上、中央日本では四・五人以下と地域差を含みつつ、全体としては十八世紀中期以降、だいたい五人程度だったと推察できる。明治以降は、一八八一年「日本全国人口表」によると四・七六人、一九二〇年の第一回国勢調査の結果は四・八九人で、その後も三十年以上にわたり五人前後を維持してきたのである。

家族の類型

世帯規模の縮小は子どもの数の減少と世帯構成の変化の結果だった。

十六世紀から現代までの家族の変化を表20でたどってみよう。一六三三年の肥後農村は世帯の「近世化」がちょうど始まる頃で、合志郡全域の平均世帯規模は六・八〇

表20　世帯の類型別構成（％）

年代 地域 平均規模	1633年 肥後合志郡 4.22人	1792年 信濃湯舟沢村 5.96人	1802-61年 甲斐山崎村 4.07人	1920年 国勢調査 4.89人	1955年 国勢調査 4.97人	1995年 国勢調査 2.88人
I　親族世帯	99.2	97.8	91.5	93.6	96.1	76.6
1．核家族世帯	41.2	28.3	40.6	55.3	59.6	60.6
a　夫婦	7.7	1.1	5.1	——	6.8	17.9
b　夫婦と子	30.3	22.8		——	43.1	35.4
c　男親と子	1.5	1.1	35.4	——	1.6	1.1
d　女親と子	1.7	3.3		——	8.1	6.2
2．その他の親族世帯	58.0	68.5	50.9	38.2	36.5	15.9
a　拡大家族	22.2	17.4	——	——	——	——
b　複合家族	35.8	51.1	——	——	——	——
II　非親族世帯	——	——	——	0.5	0.5	0.3
III　単独世帯	0.8	2.2	8.5	6.0	3.4	23.1

（出所）肥後合志郡は表3を参照。

信濃湯舟沢村は鬼頭宏「近世農村における家族形態の周期的変化」『上智経済論集』27-2･3。

甲斐山崎村は小山隆「家族形態の周期的変化」喜多野・桑原編『家——その構成分析』創文社。

国勢調査結果は国立社会保障・人口問題研究所『人口の動向——日本と世界・人口統計資料集1999』厚生統計協会。
（注）1）江戸時代の世帯規模には奉公人等の非血縁者を含めていない。
2）国勢調査の世帯は普通世帯。

人あった。しかし世帯の最も外側の部分を構成する隷属農民（名子・下人）を除いて、戸主の血縁家族のみに注目すれば、表示したように四・二二人でしかなかった。

　より古いタイプの世帯規模が大きかったもうひとつの原因として、戸主の兄弟姉妹やオジ・オバなどの傍系親族が多く同居する場合のあったことも挙げられる。もっとも傍系親族を含むか否かは、地域によって制度的な違いがあったらしく、十七世紀初期の肥後農村では全世帯の一一％に、人口の三％しか存在しなかったのに対し、信濃湯舟沢村では十八世紀に至っても半数の世帯に存在していた。しかし時代を遡るほど、傍系親族を包みこんで複雑な構造をもつ世帯が多かったことは表20から明らかだろう。

表20の江戸時代の例はいずれも血縁家族のみに注目したものであり、一九五五年、七五年の例は国勢調査による普通世帯の類型別分類である。核家族化が進んだ現在は、単独世帯を含めた広義の核家族世帯が四分の三を越えているが、江戸時代の農村では四〇%以下だった。もっとも江戸時代でも、都市では核家族世帯は多かった。幕末の江戸（麴町十二丁目・四谷伝馬町新一丁目・宮益町の合計）を例にとると、単独世帯一二%、核家族世帯五二%で、両者を合わせると六割を越えるのである。現代はすべての地域が〝江戸〟になった、ということであろう。

ところで江戸時代農村の核家族世帯比率四〇%というのは、ふつう想像される以上に高いと思われるかもしれない。しかし、後継ぎになる子（おもに長男）が結婚しても親・きょうだいと同居するような、つい最近まで支配的だった日本の家族制度（直系家族制）のもとでも、死亡率が高く、平均余命の短い江戸時代には、家族の周期的変化の一ステージとして、核家族形態はこの程度の頻度で出現するものである。それゆえ核家族世帯が制度的に広く存在しているのとは全く意味が違うのである。

近世の親族家族の特徴は「その他の親族世帯」の多いことにある。むしろこれが中心であるというほうがよい。ここでは形態上、拡大家族と複合家族に分けておいた。拡大家族は世帯主の核家族（夫婦および独身の子）のほかに、それ自身核家族を形成しない単身の親族、すなわち片親、あるいは単身の傍系親族が加わったものである。複合家族は世帯内に複数の核家族をもつ場合をさす。十七・十八世紀の例では「その他の親族世帯」が六割あるいはそれ以上もあったが、十九世紀の例では半数になり、現在は二二％まで低下して、世帯構造が時代とともに単純化してきたことがわかる。近世前半の世帯規模縮小は、隷属農民や傍系親族の分離、自立によって実現したが、それは直系家族制をとる近世的な小農民家族が形成される過程であった。その後、この家族制度は二十世紀半ばの工業化の時代まで受け継がれる。

ライフ・サイクル

現代の人口学的特徴を要約すると、著しく長命になったこと、そして出生数が少なくなったことにつきると言ってよい。それではこのことが、結婚に始まり、子の出生と成長、結婚・独立、そして夫婦の死亡でもって終わるライフ・サイクル（家族周期）を、どういうふうに変えただろうか。江戸時代のライフ・サイクルを復元するこ

表21　家族周期の重要時点における夫婦の年齢

時点	信濃湯舟沢村 18世紀		大正期 1920年		現代 1990年	
	夫	妻	夫	妻	夫	妻
1．結婚	26.4	20.6	25.0	21.0	28.0	26.0
2．第1子出生	29.5	23.7	27.5	23.5	29.7	27.7
3．末子出生	46.1	40.3	39.5	35.5	32.0	30.0
4．第1子結婚	54.5	48.7	52.5	48.5	57.7	55.7
5．末子成人／学卒	61.1	55.3	54.5	50.5	52.0	50.0
6．初孫誕生	57.6	51.8	55.0	51.0	59.4	57.4
7．夫引退	60.0	54.2	60.0	56.0	65.0	63.0
8．夫死亡	62.6	——	61.5	57.5	77.1	75.1
9．妻死亡	61.4	55.6	——	61.0	——	82.7

(出所) 大塚柳太郎・鬼頭宏『地球人口100億の世紀——人類はなぜ増え続けるのか』ウエッジ。
(注) 1) 第1子は男子とする。
2) 江戸時代の成人、大正期の学卒を15歳、現代の学卒を20歳とする。
3) 出生数を江戸時代および大正期は5人、現代は2人とする。
4) 夫の引退年齢は江戸時代および大正期は60歳、現代は65歳とする。
5) 夫婦の死亡年齢は結婚時の平均余命による。

とによって、現代の家族の一生にみられる特徴を探ってみよう。

　表21には、江戸時代の農村（二例）と最近のライフ・サイクルのパターンを示してある。いずれも、平均初婚年齢、結婚時の平均余命、平均出生間隔、平均出生数をもとに導かれた。親の初婚年齢は表にある通りであり、子どもの結婚年齢は、現代については右の数値を用い、江戸時

代については実測された子世代の数値を利用してある。出生児数はそれぞれ五人、五人、二人とし、結婚平均余命は湯舟沢村男三六・二年、女三五・〇年、一九二〇年男三六・五年、女四〇・〇年、現代（一九九〇年）男四九・一年、女五六・七年である。

　さらにわかりやすくするために、ライフ・サイクルを、(1)結婚から末子出生までの出産期間、(2)長子出生から末子成人までの子供扶養期間、(3)末子成人から夫（または妻）死亡までの脱扶養期間、の三つの局面に分けると、おのおのの期間の長さ（年数）は次のようになる（ただし、ここでは末子を男として計算してある）。

	湯舟沢村	一九二〇年	現　代
(1)出産期間	一九・七	一四・五	四・〇
(2)子供扶養期間	三一・六	二七・〇	二二・三
(3)脱扶養期間	一・五	一〇・五	三二・七
(4)全期間	三六・二	四〇・〇	五六・七

　ライフ・サイクルの歴史的変化の過程をはっきりさせるために、一九三〇年と一九五〇年の結婚コーホートに関する数値を加えて検討してみると、戦前期には結婚から

夫婦のいずれかの死亡までの全期間は江戸時代とあまりかわっておらず、大きな変化は平均余命が著しく伸長し、子供数が二人に減った一九五〇年代にみられることがわかる。

過去と現代

右にまとめた数値から、江戸時代後半の農民家族と現代日本人のライフ・サイクルについて、次のような相違点をあげることができる。

まず、結婚から夫または妻の死亡までの全期間の長さは、江戸時代には三六〜三七年で、現代よりも二〇年以上短かった。もちろんこの長さは結婚時の平均余命によって決定されている。平均余命の延びにともなって、二十世紀にはいってから、とくに一九五〇年以降、結婚期間は急速に長期化してきたことがわかる。こうして現代では、江戸時代にはまれであった金婚式を祝うことができる夫婦がふえたのである。

次に、全期間の長さが延びたのとは逆に、結婚から末子出生までの出産期間が大幅に短縮したことを指摘しなければならない。江戸時代には一六〜二〇年もあったのが、現在ではその六分の一ほどになってしまった。この変化も二十世紀半ばに、急激に生じている。いうまでもなく、出生児数の減少が原因である。こうして、出産期間の全期間に対する比率は、現代では七%でしかなくなった。江戸時代にはそれは五〇%以上を占めていた。

子供扶養期間の長さは、一〇年ほど短くなったにすぎない。江戸時代農村の七〇%の期間である。いうまでもなく一五～一六歳で大人の仲間入りをした時代と二〇歳で成人となる時代のちがいがあらわれているのだが、高学齢化（大学進学）による効果を含めるならば、この期間の長さはもっと接近する。

出産期間と子供扶養期間を合わせると、江戸時代には約三五年で、結婚継続期間とほぼ等しい。江戸時代の夫婦は子を生み、育てるために一生を費していたのである。現代では、結婚から末子の成人までは二四年で、結婚期間（四九年）の半分にしかあたらない。

したがって、次の期間、すなわち子が結婚によって独立し巣立っていったあとの、老夫婦二人だけの生活に戻る期間の歴史的コントラストはきわめて鮮やかである。直系家族制をとるならば、後継ぎの息子夫婦に家長権・主婦権を譲り、孫たちに囲まれて過ごす期間は、江戸時代の平均的夫婦にはほんの僅かしか与えられていなかった。末子（男子）の結婚は、父母の死亡後に行なわれるのがふつうだった。

さらに、江戸時代の妻にとって、夫の死亡後、寡婦である期間が現代より短かった。あるいは、湯舟沢村の事例に見られるように、妻の方が先立つことも珍しくはなかった。それは、夫婦の年齢開差が大きかったことと、男女の平均余命が接近しているか、男のほうが長かったことに原因がある。

女性の解放

ライフ・サイクルにおける近世と現代のちがいは明らかである。それはとくに、家族周期の長さと、その中に占める出生期間の極端な差、そして脱扶養期に現われている。そしてライフ・サイクルの変化は、長期間にわたるたびたびの出産から解放された女性にこそ、革命的ともいえる影響を与えることになった。

出産・育児からの解放がなければ、女性の自立や社会的諸分野への進出は困難であろう。古い家族制度や女性の地位、役割に対する古い考えも、それを取りまく人口学的状況と密接に関係していた。このことは当然、ライフ・サイクルの変化が、新しい女性像をつくり出さざるをえないことを物語っているのである。

しかし現代の日本は意識や制度、社会慣行が必ずしも十分にライフ・サイクルの変化に対応して変わっているとはいえない。家庭内の性的役割分担の固定的な観念と結婚、出産、育児に対する社会的支援体制の不備は、家庭外での労働を通して社会参加を続けようという女性に、結婚を躊躇させているようにみえる。女性の著しい晩婚化と、シングル志向の強まりは、そのような旧制度への女性の反乱といえなくもない。初婚年齢の高さは世界でもトップレベルに到達した。今後、生涯未婚率が上昇して、少し前まで三百年にわたって日本社会の特徴となっていた皆婚傾向は崩れていくのだろうか。

家族の人間関係

ライフ・サイクルにおける新旧の相違は、家族類型の変化とあいまって、家族成員間の人間関係にも新たな問題を生み出した。

たとえば、現代の夫婦は結婚後、ごく短い期間に子を生みあげてしまうので、親子の年齢差は小さく、若い父母が多い。また、きょうだい間の年齢差も江戸時代よりずっと小さくなっている。現代の母親は二八歳で第一子を、三〇歳で第二子を生み、三人以上出産する夫婦は少ないから、きょうだいの年齢差は二歳余り、と接近している。これに対して江戸時代の農村では、母親が四〇歳を過ぎるまで出産を続けることはふつうであったから（第四章）、長子と末子の年齢も一五歳以上離れることになる。

核家族で、年齢差の少ない両親と、年齢の近いきょうだいとが構成する現代家族が醸す雰囲気と、江戸時代のそれとではかなり異質であることは容易に察しがつく。きょうだい関係についていえば、現代のきょうだいは、遊び相手として、競争相手として、成長過程のうえで相当密接な関係にあるであろう。それに対して、年齢が半世代も開いている江戸時代の長子と末子のあいだの関係は、きょうだいというより、保護者と被保護者の関係が強く、長子は末子にとって父母に代わる役割を演じることが多かったと思われる。湯舟沢村の例をみると、母親が死亡するのは末子がようやく一五歳になるかならないかの頃であり、父親も一六歳の頃に死亡する。そうすると、末子が結婚し、自立するまでの面倒をみるのは、すでに妻帯して同居する惣領の仕事になるであろう。

高齢者問題

江戸時代のライフ・サイクルのパターンを見て気づくもう一つの点は、現代の最も重要な社会問題になっている高齢者の生活扶助と役割についてである。

最近、一人暮し老人や高齢者の世帯が急増したのは、平均余命が延びたことと、親子二世代夫婦の同居が一般的でない家族制度へ変化したことに関係がある。核家族化は必然的に単独世帯を増加させる。なぜなら、就職や進学を理由に結婚前の青年男女が家を離れて新しい単独世帯または準世帯を構えるだけではなく、子を独立させたのちに配偶者と離死別した高齢者は必然的に単独世帯になるからである。その結果、六五歳以上の者が子供と同居する割合は一九八〇年には六九％もあったが、九五年には五四％、九八年には五〇％と著しい減少をみせている。反対に一人暮らし（独居老人）は八〇年の九％から九八年の一三％へ、高齢者の夫婦のみの世帯が二〇％から三二％へと増加している（「国民生活基礎調査」）。つまり単身者を含む高齢者の核家族的世帯は、まさしく直系家族的世帯で暮す高齢者と数の上で逆転し、多数派になりつつあるのである。全世帯の中で六五歳以上の高齢者のみ、またはこれに一八歳未満の未婚者が加わった高齢者世帯は一九七五年には三％でしかなかったが、九八年には一三％へと大きく増加している（「厚生行政基礎調査」）。

単独世帯は若者が家族形成するまでの過渡的な形態ではなくなったのである。核家族化によってそのライフ・サイクルの最終段階としての高齢者の単独世帯が増加してきたのが近年、最も著しい世帯構造の変化であった。この四半世紀の家族類型の変化は、おそらく伝統的な直系家族世帯が広範に成立したとされる江戸時代前期に匹敵する大規模なものである。その背景には都市化と産業構造の変化によって、伝統的な家族類型を志向する農家世帯の相対的な減少があった。それは都市部における住宅事情が悪く、親子二世帯が同居するいわゆる三世代世帯がつくれないという制約が主な原因であったとはおもわれない。日本社会の家族観の変化にその理由を求めなければならないだろう。

江戸時代中期から高度成長期までは高齢者（六〇歳以上）の単独世帯はきわめて少なく、子供の家族と同居する三世代同居が一般的であった。近年の高齢者の単独世帯、または夫婦世帯の増加は、長寿化によって高齢者人口そのものが増えていること、ライフ・ステージにおける老年期の期間が著しく長くなったことと合わせて、高齢者の生活保障の実現において大きな問題となっている。家族類型の変化が、これまでは世帯内部で行なわれていたことを明るみに出したといえなくもない。

年金や公的資金による高齢者福祉が困難になっていることは事実である。しかし老年期への生存率の上昇と老年期の長期化、すなわちだれもが長い老後をもつことができるようになった現在、伝統的な直系家族の中で老親扶養を行なうことも又た困難であることは、三世代同居を想定したライフ・サイクルの比較からもあきらかである。

もし現代の家族が直系家族制をとるならば、子供夫婦と父母の同居は二〇年ほどになる。さらに母との同居は二七年にも及ぶであろう。江戸時代には僅か六〜七年でしかなかった。

夫の引退または定年を六〇歳とすると、老親扶養期間は江戸時代には三年足らず、現代だと二五年、六五歳からとしても二〇年にもなるのである。江戸時代には、ふつう、親が六〇歳くらいになれば家長権・主婦権が子に譲られて世代交替が行なわれたから、親子二夫婦の同居がもたらす葛藤は、同居が長期化せざるをえない現代よりも深刻にならなかったのではないかとも考えられる。さらに、長男以外の独身のきょうだいも同居する家族構成は複雑な人間関係のもととなっただろうが、農家であればむしろ家事労働・生産活動・育児などの面で適当な役割分担も可能であり、老人の存在は重要であったため、「生きがい」を探す必要もなかったにちがいない。

貧乏の峠

ライフ・サイクルの比較からは、まだ多くのことが言えるだろう。例えば、「惣領の十五は貧乏の峠、末子の十五は栄華の峠」という俚諺は、江戸時代の農民家族にとって実際にあてはまることがわかる。長子が一五歳の頃というと父親は四五歳で、下には三、四人の幼いきょうだいがいることになる。農家にとって、この時期はもっとも労働力が薄手で、生活の苦しい時であったにちがいない。

このようなことは一九四〇年代まで、農家にとって実感されていたと思われる。今日では、収入に対する生活費の割合が最も大きくなるのは、長子が大学に在学する頃であろう。したがって多少の時間的ずれはあるものの、この俚諺はあてはまるものといえよう。しかし、子ども数が減少したとはいえ、高学歴による教育費、養育費負担が重くのしかかってくる現在、その実感はむしろ強くなっているのではなかろうか。核家族時代の今日、「栄華の峠」は永久にやって来ないのかもしれない。

終章　日本人口の二十一世紀

1　人口の文明学

人口の文明学的研究

歴史人口学の研究をしていた私は、文書《もんじょ》を解読し人口統計を作成することに夢中であった時期がある。その作業に没頭しているあいだは、周りのことが見えなかった。あるときふと不安になって立ち上がり、いま、どこでなにをしているのだろうかと周りを見回してみた、というのが本書の出発点であった。

日本列島の人口の長期的な変化をながめていたら、何度か大きな成長と停滞の時代が交替してきたことに気づいた。この人口波動を生活様式と関連させて考察することを思いついて、日本生活学会大会（一九八一年）と比較文明学会大会（一九八四年）でも報告した。しかし八〇年代には私がおもな活動の場とする社会経済史学会では、文明を取り込むという考え方はむしろ異端であった。八五年の大会で日本列島における日常生活の歴史を文明学の立場から論じたおりにも、討議はもっぱら文明の定義に終始した。駆け出しの研究者がグランド・セオリーともいうべき歴史の枠組みについて論じるには若すぎる、という雰囲気が濃厚であった。しかし時代は変わる。九一年に『日本文明史』(全七巻、角川書店)を企画、刊行された上山春平を招き、畏友川勝平太とともに同学会で企画したパネル・ディスカッション「日本文明史の提唱」には、会場が満員になるほどの聴衆が集まってくれた。

こうした発想を捨てずに続けてきたことが、国際日本文化研究センターとのかかわりを生んだ。一九九一年度から九三年度にかけて、同センター所長梅原猛を中心に、文部省重点領域研究「地球環境の変動と文明の盛衰——新たな文明のパラダイムを求めて」が実施された。自然科学、社会科学、人文科学の研究者を多数あつめた、壮大なプロジェクトであった。恩師速水融も日文研に移っており、人口変動に関する研究プロジェクトを担当していた。私は人口変動を文明システムと自然環境との関連において歴史的に検討しようとする、長年あたためてきた研究課題を分担することになった。

また一九九五年度からは速水融を代表者とする大型のプロジェクトが五年計画で開

始した。文部省科学研究費による創成的基礎研究「ユーラシア社会における人口・家族構造比較史研究」、通称ユーラシア・プロジェクト（EAP）である。内外の研究者をあつめて厳密な人口学の手法を用いながら、近代以前のユーラシア諸地域の人口と家族に関する総合研究をめざすもので、人口の文明学的研究にほかならない。

文明という複雑で手強い対象の研究は、これまではおもに人類学者や歴史家の、しかも大家の仕事としてみられることが多かったようである。しかし最近はハンチントン（S. Huntington）の『文明の衝突』をきっかけにして、国際関係を動態的に解明するためには、文明概念の導入がなくてはならないものであることがひろく理解されるようになった。とかく技術、制度、経済の問題として議論されがちな地球環境や人口についても、文明の問題にほかならない。日本人口学会も一九九七年の大会では河野稠果《しげみ》の発案で人口と文明をテーマとするシンポジウムが企画され、私も報告の機会を得ることができた。そのような折りに、湯浅赳男による『文明の人口史——人類と環境の衝突、一万年史』（新評論）が、あらためて、人口爆発を回避して人類の存続の活路をみいだすためには、自己抑制の文化を手にすることが鍵であると主張していることは注目に値する。

文明の定義

はじめに文明の概念についてはっきりさせておかなければならない。よく文明と文化はどうちがうか、ということが問題になる。ここで私は基本的には差はないといっておきたい。どちらも人間が編み出し、一定の形式をもつにいたった生活様式ということである。文明を物質的なもの、文化を精神的なものとして考える人もいる。精神文明とか物質文化ということばがあるから、このような区別は適当ではない。いっぽう慣習的に、文明はより広範囲なひろがりをもつもの、文化はどちらかというと小集団に共有されるものであるとみることがある。気持としてわからなくはないが、厳密な区別にはならない。上山春平は文明も文化も、どちらも社会集団の生活様式であることに変わりはないが、文明を「ある水準以上に発達した社会の文化」としている。より高度で複雑な文化が、文明であるというのである。それでは「ある水準」とは何か。基準は二通りあって、ひとつは都市の形成がおこなわれる都市革命、もうひとつが産業革命である。このふたつの革命によって人類史は大きく変わった。都市革命によって「第一次文明」が、産業革命によって「第二次文明」が生まれたというのが上山の説明である（『日本文明史1――日本文明史の構想・受容と創造の軌跡』角川書店）。

人類学者の定義による文化と文明の概念から出発した上山の概念は、人類の史的発展をうまく説明しているのでわかりやすくて便利な定義であると思う。しかし一方では、アーノルド・トインビー（A. J. Toynbee）のようにヨーロッパ文明とか、インド文明、中国文明などのような地域単位で文明をとらえることもごく普通におこなわれている。トインビーは過去、現在を通じて十九の文明を区別し、ハンチントンは一九九〇年代の世界について九つの文明から構成されるものとしている。上山も、日本文明というとらえ方をしているが、文明の創造、展開、成熟というような段階をもうけている。しかし段階論ではなく、ことなる生活様式をそなえた各時代の文明が交替してきたと考えるほうがわかりやすい。成熟したことばではないかもしれないが、徳川文明（芳賀徹編『文明としての徳川日本』中央公論社）という概念もあるではないか。

そうであるならば原点に戻って、人類学の定義を用いることのほうが混乱は少ないと思われる。そこでここでは梅棹忠夫の文明システムという概念を用いることにする。道具、機械、構築物、慣習、法、市場、宗教など形あるものもないものも含めて、人間はさまざまなモノを通じて自然に働きかけて生活している。これら人間が生み出したさまざまなモノを「装置群」、人間と装置群の織りなす関係の全体（人間―

装置系）を「文明システム（文明系）」と呼ぶ（梅棹忠夫「生態系から文明系へ」同編『文明学の構築のために』中央公論社）。

人口と文明

人口と文明の関係は単純ではない。ボズラップ（E. Boserup）のように人口圧力が技術発展への道をひらき、より高度な文明への発展をもたらすと見ることができる。他方、マルサスに代表される見方によれば、人口増加の行き着くところは人口過剰による社会の貧困や停滞である。最悪の場合には耕地や森林、水資源の過剰開発が環境破壊をもたらして、文明の崩壊が導かれることも予想される。事実、歴史上、そのようなことは珍しいことではなかった。

文明と人口の関係は、三つの側面に分けて検討することが必要である。第一はある文明に固有な人口様式（demographic system）である。個々の単位文明のもつ固有の人口学的特徴について見る視点からは宗教、家族制度、相続制度などがとくに問題になる。たとえば、ヘイナルはレニングラードとトリエステを結ぶ線の西側のヨーロッパ社会は、晩婚と高い生涯未婚率を特徴とする「ヨーロッパ型結婚パターン」をもつという点で特異な社会であったという。トッド（E. Todd）は『新ヨーロッパ大全』（上・下、藤原書店）において、ヨーロッパ社会内部では家族制度、土地制度、相続制度の「人類学的基底」、いわば歴史と文化の相違が、人口変動、さらには近代史の過程に大きな影響をあたえてきたことを主張している。

第二の立場は、人類の歴史上の一局面としての文明、すなわち都市文明、古代文明、近代文明、産業文明とよばれる生活様式と人口の関係を取り上げる立場である。そのような場合、人口は文明のバロメーターとみられる。十四世紀イスラムの学者イブン・ハルドゥーン（Ibn Khaldūn）は『歴史序説』（一三七七年）において人間の文明について詳細な検討を行なっている。注目すべきは文明と訳される語（umrān）が、ときには人口を意味するものとして用いられていることである。イブン・ハルドゥーンは文明の発展とは、「協業」の形で相互に補完しあいながら生産活動を行なう人間の数に比例すると考え、umrānを「人口」の意味でも用いるのである。生産活動をする人間の人口が増えれば、それだけ文明も発達するというわけである。

フランスの歴史家フェルナン・ブローデル（F. Braudel）も全く同様の立場に立っている。文明を支えているのは人口であり、人口を支えているのは文明である。文明の隆盛は人口増加を伴い、反対に文明の衰退は人口の衰退に結びつく。人口増加が文明の成功の証であるならば、その集積した結果である高い人口密度の地域ほど高度な文明をもっているというのである。そのように考えたブローデルは一五〇〇年頃の世界の七十六の地域が到達していた文明の段階を示す地図を作っている。「文明人」が存在した十三の地域は、当時としては人口密度の高い地域であった。それらはカフカズ、アビシニア、西アジアからアフリカの諸地域に散在するモスレム定住地（オアシス）、ヨーロッパ南西部、地中海東部、ヨーロッパ東部、ヨーロッパ北西部、デカン高原の山岳、森林地域を除くインド、東南アジア低地諸地域、インドネシア低地諸地域、中国、朝鮮、そして最後に日本である。ユーラシア大陸の南側を縁どって地中海、ヨーロッパにいたる紡錘状に伸び広がった地域の面積は一〇〇〇万平方キロメートルほどで、全陸地面積の十五分の一にすぎなかった（『物質文明・経済・資本主義十五世紀―十八世紀　日常性の構造　一』みすず書房、図六）。

一五〇〇年というのは、旧大陸と新大陸が密接に関係をもち、世界がひとつに統合されていく時代であると同時に、農業に基礎をおく旧文明と工業化をもたらす新文明を生みだす勢力の交替が始まる時代でもあった。農業社会の人口密度はどれだけの食糧を供給できるか、すなわち農業生産力の大きさ、あるいは土地利用の集約度に依存する。したがって高度な文明社会が、人口密度の高い地域と重なっていたのは当然であった。

文明と人口の関係を考える第三の視点は、個々の文明システム、あるいは人類文明の歴史的な発展の過程においてみられる人口変動である。地域文明はいつも同じ性質の文明システムであったわけではない。長い時間をかけて、いくつもの局面、あるいは異なる文明システムの転換を経験してきた。この転換によって人口波動がもたらされた。ひとつの文明システムは、技術や制度にみあう固有の人口支持力をもっている。そこでは人口ははじめはゆっくりと、そして次第に増加率を大きくしながら成長していく。しかしあるときから徐々に増加率を低下させながら、ついには成長を止めてしまう。ところがあたらしい生産技術や制度が導入されて人口支持力が引き上げられると、ふたたび人口成長が開始するという考え方である。

マルサスの人口論とは、まさに人口支持力を一定とした場合、人口が持続的に成長していったときに何が起きるかについて論じたものにほかならない。一定の環境条件のもとで個体数がどのように変化するかという生態学的な関心から、このような見方は二十世紀になると生物個体数全般に拡張され、いわゆるロジスティック曲線として定式化された。どのようにしてあたらしい技術が導入されて人口成長が再始動するか、その繰り返しによってどのように人口が変動するかを経済学的に理論化しようとしたのはリー（R. Demos Lee）である。リーはひとつの歴史体制（regime）のもとで、マルサスが説いたように人口成長が停止したあとに何が起きるかを、人口が環境の支持力の上限に接近し、人口圧力が高まって生活になんらかの困難が生じると、より高度な技術が模索されるというボズラップの理論を適用することによって人口波動を説明している。ただしリーはボズラップ理論を無制限に適用できないとして、人口過剰による人口圧力のある限界以上への上昇もまた、人口過少と同様に技術進歩の足を引っ張るとしたのである。

リヴィバッチ（M. Livi-Bacci）やマッキヴディーとジョーンズ（C. McEvedy and R. Jones）、それにチポラらは世界人口が長期的な波動をえがいて増加してきたことを、過去の人口推計から明らかにしているし、日本人口にも長期波動がみとめられている（本書序章）。このような数世紀以上にわたる循環的な人口の変動は、リーが行なったようにマルサスとボズラップの人口と技術進歩に関する理論的な説明で理解することができる。

日本人口と文明システム

日本列島の人口は、過去一万年間に四回の成長と停滞を繰り返しながら、波動的に増加してきた。日本列島は人類史の主要な期間を通じて大陸から切り離された存在だったので、列島内外の人口移動はかなり制限されていた。とくに外部への大量の人口流出はほとんど無視できる。そのため日本列島は人口変動をみるうえで、一種の実験室のようなものである。人口の長期波動が、気候などの環境変化および文明システムの転換とどのように相互に結びついていたかを検討するうえで格好の事例といえよう。日本列島では過去一万年間に、文明システムが四度交替してきたというのが筆者の仮説である。

人口は自然環境の変動によって影響を受けるとともに、文明システムの転換や国際関係の変化とも密接に関連していた。新しい文明システムの展開は、食糧生産力の向上と居住空間の拡大を通じて、社会の人口支持力を増大させる。人口が増加を続けて、環境と文明システムによって決められている人口支持力の上限に近づくと、なんらかの規制要因が働いて人口成長はブレーキをかけられ、やがて停滞せざるをえない。人口が長期にわたり持続的に成長する局面は、文明システムの転換が生じた時代であった。反面、技術発展にとって人口圧力の高まりが不可欠である。人口支持力の上限まで人口が近づくと資源・エネルギーと人口とのあいだに緊張が高まり、生存をめぐってさまざまな問題が発生するであろう。このように人口圧力が大きくなったとき、社会内部における技術開発や外部文明からの技術移転が強く促され、その結果と

表22　文明システムの比較

	1 縄文システム	2 水稲農耕化システム	3 経済社会化システム	4 工業化システム
最高人口密度(人/km²)(人口、万人)	0.9[1)] (26/縄文中期)	24[1)] (700/10世紀頃)	112[1)] (3,258/1823年)	338 (12,778/2007年)
文明の階段	自然社会 (狩猟漁労採取)	農業社会 (直接農産消費[2)])	農業社会 (間接農産消費[2)])	工業化社会
主要エネルギー源 Wrigleyの分類[3)]	生物＋人力 自然力	生物＋人力 自然力 Organic economy	生物＋人力 自然力 Advanced organic economy	非生物 自然力→電力 Mineral energy-based economy
主要な経済様式[4)]	伝統経済	伝統＋指令経済	伝統＋指令＋市場	市場経済
社会集団[5)]	バンド社会	ウジ社会	イエ社会	集団主義的産業化
主　食[6)]	堅果類 魚介類	コ　メ	コメ・雑穀	コメ・雑穀・サツマイモ→多様化

(出所) 鬼頭宏「文明システムの転換――日本列島を事例として」『講座文明と環境2　地球と文明の画期』朝倉書店。
(注) 1)蝦夷（北海道）・琉球（沖縄）を除く。2)ファン・バート（1980）3)リグリィ（1991）4)ハイルブローナー（1972）5)村上・佐藤・公文（1979）6)小山・五島（1985）

して文明システムの転換が起きると考えられるのである。

人口の第一の波は縄文システムの展開とともに生じた。この時代の生活様式は狩猟、漁撈、採取を基調とするものであったから、人口分布も人口変動も、自然環境の影響を強く受けた。事実、日本列島の平均気温は縄文時代の幕開けとともに上昇していたことが明らかにされている。ところが縄文前期をすぎると平均気温は低下しはじめる。その結果、狩猟採集民としてはひじょうに高い人口密度に達していた東日本、とくに関東と中部では人口が激減した。暖地であった西日本では人口の損害は小さく、増加し続けた。しかし西日本はもともと食糧資源の少ないところであったから、ここでも人口圧力は著しく高められたと考えられる。生態学的危機の到来は、新たな食糧資源の開発や農耕の受容への積極的な努力を促したであろう。

弥生時代以降の人口増加は水稲農耕を基盤とする水稲農耕化システムの展開によって支えられた。大陸から渡来したひとびとの人口流入の寄与も大きかった。しかし平安時代になって、人口成長は鈍化したものと推測される。可耕地の減少、荘園経済化による成長誘因の欠如、それに気候変動（温暖化にともなう乾燥化）がもたらした結果であろう。興味深いことは、人口が停滞化する十世紀に国風文化（藤原文化）が成立したことである。農耕をはじめ、国制、法律、文字、宗教などさまざまな装置群を大陸から摂取することから始まった文明システムの転換が一段落し、日本的に消化されることによって、文明の成熟化とも呼ぶべき現象が起きたのである。

第三の文明システムを経済社会化システムと呼ぼう。江戸前期に連なる人口成長は、十四・十五世紀に始まったと推測され、それを支えた原動力を経済社会化、すなわち市場経済の展開に求めることができるからである。室町時代は文明システムの転換にとって重要な時代であった。現代日本人にとって伝統的な文化とみなされているものの多くがこの時代に生まれ、あるいは中国・朝鮮・ヨーロッパ（南蛮）などから取り込まれた。

十八世紀になると一転して人口は停滞する。重い年貢賦課や度重なる飢饉によって餓死や堕胎・間引が横行したためであると説明されることが多い。しかし最近では、死亡率はむしろ改善されており、堕胎・間引にしても将来の生活水準の低下を防ぐ目的で、予防的に行なわれていたとみなされている。農家副業や出稼奉公によって晩婚化も進んだが、これもかならずしも生活苦のためとはいえず、世帯の所得は増加したと考えられる。市場経済化が進み土地利用も高度化したとはいえ、人口成長は人口と土地とのバランスを悪化させて、十七世紀末から十八世紀にかけて生態学的緊張は高まった。この時代には地球的規模の気候寒冷化（小氷期）が進んだのは事実であるが、人口停滞は自然環境の変動によりたまたま引き起こされたものではなく、土地に基礎をおく「高度有機経済」（E・A・リグリィ『エネルギーと産業革命』同文館）としての徳川文明が成熟期にはいったために生じたと考えられる。

人口成長の第四の波は工業化システムへの文明転換にともなうものであった。他の時代にもそうであったように、人口は規模を増加させただけではない。年齢構造、職業構成、人口動態、地理的分布、世帯や家族の規模と構造などのさまざまな側面において、前工業化期の人口学的特質とは異質な特徴を示している。しかし近代人口成長がいつまでも続かないということがいよいよ現実のものとなってきた。過去の経験にもとづくならば、現代の工業文明システムは成熟化しつつあるということであろう。

2　少子社会への期待

現代の逆説

文明と人口の関係をみる場合に、三つの異なる立場があることを指摘した。ふつう、これらの見方はとくに意識されているわけではなく、漠然と混同されていることが多い。しかし視点の区別を明確にしないと、しばしば混乱がおきることになる。二十世紀が積み残した最大の文明問題のひとつである地球人口の増加をめぐる議論がそれである。

いま世界には百八十以上の独立国がある。ＧＮＰと人口規模の対数をとって対比させれば、両者のあいだに正の相関関係、すなわち人口大国は経済大国であるという関係が認められる。しかしそれは単に国土が広くて人口が多く、したがって総所得も相対的に大きくなるという程度のことしか意味しない。人口密度をとってみても、所得水準の間には有意な関係は認められない。一五〇〇年頃の世界のように、豊かな国では人口密度が高い、とはいえないのである。

いっぽう所得水準は別の面で決定的な差異をもたらしている。人口動態、とくに出生力である。所得水準により世界各国をグループ分けしてみると、最も豊かなグループでは出生率、死亡率はともに低く、自然増加率は一％を下回る低い水準にある。これに対して所得が最低のグループでは出生率、死亡率ともに非常に高い水準にあり、しかも人口増加率はいまだに年三％に近い。各国の所得水準による格差は、出生率でより大きく、死亡率ではさほどではない。したがって最近の人口増加率の格差は、主として出生率に原因があるといってよい。また、死亡率は最も豊かな国で最低というわけではない。高齢化が死亡率をむしろ押し上げているからである。すなわち現代の世界では、過去の常識とは異なり、貧しい国ほど出生率が高く、人口増加率も高いということなのである。

現代の人口増加は、経済的に豊かではない地域で大きく、高度な産業文明の成熟を達成した地域ではゼロ成長に近い、低いものであるという現象は、一見するとこれまでの人口と文明の関係に反するもののように見える。しかしそうではない。高度な文明はより多くの人口と高い人口密度をもつことができる、というのは人口と文明に関する第二の観点からいえることである。

それでは途上国の高い出生力を、第一の観点から、それらの社会が共通にもっているなんらかの文明要素で説明できるのだろうか。宗教、家族制度それとも貧しさそのものなのだろうか。イスラム教であれ、キリスト教であれ、仏教であれ、宗教的実践が日常的に行なわれている時代には人口抑制は規制を受けたのは事実である。しかし特定の宗教が、人口増加の要因であるということは、現実の観察からはいうことはできない。イスラム世界でも、出生力には格差がある。そしてそれは主として教育、とくに女性の教育水準と所得水準との関係が強いことがわかっている。家族制度についても同様である。一般に家族や親族のきずながつよい時代には同族を拡大しようとする傾向が強かったのは事実である。しかし日本の江戸時代の農村のように、家族規模を制限する行為のあったことも事実であった。土地などの資源制約が強くなると、出生抑制は伝統社会のなかでも行なわれたのである。現代の途上国における高い出生率は、むしろ貧しさとむすびつけた説明がなされている。子供が労働力として役立ち、ささやかであっても賃金稼得の担い手になりうる場合や、同族の拡大が成員の生活保障に役立つ場合には、貧困が多産に結びつくであろう。

現代人口にみられる一見すると矛盾した所得と出生に関する関係は、文明と人口に関する第三の見方によって説明することが可能である。途上国における高い人口増加率を、人口転換の実現過程における過渡的な現象であるとする見方である。近代以前の社会では多産ではあったが死亡率も高かったので、人口増加は小さかったとされる。近代化の過程で医薬や医療が進歩し、水道や病院などの社会資本が整備されることによって、死亡率が下がりはじめる。ところが社会的な慣習となっている出生行動は急には変わらない。高い出生率が維持されたままに、死亡率の低下が進展する。この多産少死が、近代人口成長の局面を生み出すのである。しかしやがて出生率も低下に向かい、やがて少産少死が実現して、人口増加はゼロ成長に近づいて安定する。

二十世紀に先進諸国が経験したのは死亡率の低下に遅れて、あるいは並行して出生率の低下が起きたことであった。まず晩婚化がある。とくに女性の教育水準の上昇と家庭外での就職が増えることによって結婚年齢が上昇した。しかし出生率低下のおもな要因は、むしろ有配偶出生率、すなわち夫婦間の意図的な出生抑制であった。

有配偶出生率低下の原因についてはさまざまな説明がなされている。経済学的には子供をもつことの価値が減退したのに対し、子供の養育費用が増大したことによって説明される。子供をもつ効用は、第一に育児や団欒を楽しむ消費財効用、第二に家業を手伝ったり給料を家計にいれる生産財効用、そして第三に老後の面倒をみてくれることを期待する老後保障の効用に分けられる。産業化によって子供の労働力としての意義は減退し、社会保障の充実や親子関係の変化もあって子供に対し老後保障を期待することも小さくなった。一方、高学歴化などによって、子供の養育にかかる費用は上昇してきた。加えて、躾《しつ》けの面では気苦労が増大するなど、子供をもつことに財政的にも、心理的にも負担が増大しているのである。

出生率と死亡率が水準を均衡させるような機能が社会には備わっているという説明もある。ホメオスタシス、自動調節機能である。この見方に立つならば人口の持続的な成長というものは均衡からの逸脱なのであって、出生率か死亡率のいずれか、あるいは両方が変化して、やがて人口増加は停止しなければならないということになる。ヨーロッパでも日本でも、長期的な出生率低下は生活が貧しくなったから起きたのではないことは確実である。反対に生活水準は大きく上昇しているのである。豊かさこそ、出生率低下の引き金であったといえなくもない。

人口学的にみれば、生活水準の上昇が、乳幼児死亡を改善して、成人への生存率を大きく高めたことが重要である。生存率が高いということは、人口の再生産率が高まったということであるから、子供の死亡率が非常に高かった時代と違って、たくさんの子供を生まなくても、跡継ぎとなる子供を確保して家を存続することも、社会を維持することも可能になるのである。死亡率の低下が先行して出生率の低下があとからついていく、というパターンが一般的であるとみられる。出生率低下が遅れるのは、死亡率低下は個人の意志に基づくものではなく、社会的な条件で起きるのに対して、出生率のほうは夫婦の意志によるものであり、出産行動が長い社会的な慣行によってなかなか変化しにくいものであるのがひとつの理由である。

発展途上国の出生率が依然高い水準にあることは確かである。しかしこのことも、先進地域で近代経済成長がはじまってから人口転換が完了するまでにかなりの時間を要したように、二十世紀後半になってようやく経済発展への道に踏み出した発展途上国でも転換の実現には時間がかかるのである。しかも条件もよいとはいえない。死亡率低下が、経済成長の始動や社会資本整備によって起きたのではなく、植民地の宗主国から、あるいは独立後は先進国や国際機関からの技術移転によってはじまっていたのである。死亡率低下自体、わるいことではない。しかし結婚と出産にかかわる行動様式が変わらないうちに大きな死亡率低下が起きると、人口増加率は大きなものになる。人口爆発となって、経済発展の足を引っ張ることになったのである。

しかし変化は始まっている。経済だけではなく、教育、寿命、健康、体力などの面における人間開発にとっても、家族数を制限し、出産回数を減らすことが好ましいことが理解されてきたからである。とくに早婚と多産は女性にとって身体的に大きな負担である。女性の人間として生きる権利を奪っているとする「リプロダクティブ・ヘルス、リプロダクティブ・ライツ」の思想が浸透するにしたがい、出生抑制がより広く受け入れられるようになっている。

現代世界で起きている先進国の人口停滞化、途上国の人口爆発という相反する現象は、人口転換のタイム・ラグを表わしているのである。農耕がいくつかの地点で発生してから、世界の各地へ拡散するのに数千年を要したように、産業文明も世界各地で受け入れられるには相当の時間を要するのである。ただ問題は、世界人口が地球の環境収容量の上限まで接近しつつあるということである。減速しつつあるとはいえ、世界人口がふえているのは事実であり、水、食料、エネルギー資源の枯渇はもとより、それを提供している地球環境それ自体の崩壊が懸念される。ただし明記しておかなければならないのは、資源枯渇と環境破壊は途上国の人口増加だけが原因であるのではなく、先進地域が長い年月にわたって利用し、現在も高い生活水準と経済成長とによって大きな負荷をあたえているということである。

成長の限界

いま世界は歴史の転換期に直面している。転換期といっても、それは激動の二十世紀が幕を下ろし、第三のミレニアムがはじまったというようなことではない。新たなミレニアムの変わりめに立って、歳末のあわただしさが過ぎ正月を迎えたものの、なにか仕残したような落ち着かない、期待と不安のいりまじった雰囲気に包まれているような気分にある。現代の世界におきつつある歴史の転換とは、暦の上の問題ではなく、実体的で人類の生存基盤をゆるがすほどのものなのである。

ひとつの文明が終わろうとしている。いや、正確には最後の仕上げの段階に差しかかっていると言うべきだろう。二世紀以上前にヨーロッパの一隅に生まれ、世界のあらゆる地域をいやおうなく巻き込んで成長してきたひとつの文明が、いま、最終局面に入ろうとしているのである。

工業文明と名付けられる現代の文明を特徴づけるのは、何よりも生物的資源から非生物的資源への、エネルギー利用における転換であった。農業社会は動物や植物、それに人間それ自体の労働に依存する文明である。科学技術の進歩は地下に埋蔵される石炭、石油に代表される非生物的エネルギー資源を大量に利用することを可能にした。その結果、経済成長と人口増加が同時に、高い成長率で、長い年月にわたって持続するという近代経済成長が可能になったのである。農業社会においては人力、家畜、薪炭などから得られる生物的エネルギーが中心で、水力、風力などの自然力がこれを補っていたが、工業社会では石炭、石油、天然ガス、ウランなどの非生物的エネルギー資源の利用がすすみ、さらに自然力の効率的な利用技術が開発された。その結果、人口増加の制約となっていた土地の広さと、人間の食糧や家畜の餌となる植物の生産力による制約から免れることができた。ひとびとは何億年にもわたる過去の蓄積を引き出すだけで、好きなときに、好きなだけのエネルギーを利用することが可能になったのである。近代成長を実現した社会では、歴史上かつてないほどの物的な豊かさを享受するだけではなく、生活水準と医薬の進歩によって長い寿命をもつことができるようになった。

しかしながら、工業文明の基礎となるエネルギー資源の性格ゆえに、現代の文明が今後いつまでも永久に量的発展を持続するという保証はありえない。それどころか、近い将来、エネルギー資源が枯渇する時代がやって来ることは避けられない。経済成長どころか、現在の生活を維持することすら不可能になるかもしれないのである。

生物資源は太陽のエネルギーによって毎年、一定量を生産するので、給料や年金のように、その範囲内で使うならばいつまでも利用することが可能な再生可能なエネルギーなのである。これと違って石炭や石油は地球の歴史的な産物である。数億年から数千万年前の生物遺骸に由来するこのエネルギー資源は、代々、親から子へ伝えられた先祖ゆかりの遺産のようなものである。どら息子がいっぺんに使ってしまえば、いっときは豪勢な生活はできるが、あとは野垂れ死にするほかない。

世界人口は工業文明の幕開けと相前後して増加しはじめた。世界が一丸になって工業化を進めてきた二十世紀は、史上空前の人口爆発の時代であった。一九〇〇年には一六億人、一九五〇年には二五億人ほどであった人口は、一九九九年には六〇億人を超えたと推定されている。しかし今後、これまでの三世紀にわたる増加が持続することはありえない。工業文明の成長局面が幕を下ろそうとしているいま、人口増加は速度を弛めつつある。国連の将来人口推計は近年、改訂のたびに小さくなっている。二〇五〇年の世界人口は一九九二年の推定（中位）では一〇〇億人であったが、九八年には八九億人とされている。

先進国で人口転換の実現によって少子化が進んだだけではない。発展途上地域でも人口増加が開発にとって重荷であることが認識されるようになって、出生力の抑制が成功しつつあることも世界人口の増加速度を緩めるうえで効果をもつようになってきた。しかし、世界の人口増加率がゼロになるまでには、まだ長い時間を必要とする。増加率が順調に低下していくとしても、増え続ける人口と生活水準の上昇が過剰開発を促し、地球環境の破壊をもたらさないとはいえない。そうなると飢饉、疫病、災害によって死亡率が上昇することも予想される。二十一世紀末にはいずれにしても世界人口の停滞が現実化すると予測されるのである。

過去のすべての文明がそうであったように、工業文明もまた、その発展過程では人口を増加させてきた。過去と異なることがあるとすれば、世界への拡散過程がきわめて短時間であり、かつ各地域が同調した波動を経験しつつあるために、変化が増幅されたことである。もうひとつは技術発展の結果、死亡率の改善と出生力抑制の両面で、意図的なコントロールが可能になったことである。私たちが人口と資源のあいだの不均衡から生じるであろう不幸と悲惨を、あらかじめ避けることが容易になった。そのために人口増加率の変動も大きくなった。しかしこのことは、人間の生と死に関する自由裁量の度合が大きくなったことを意味する。

日本の少子化

日本の出生力は減退を続けている。少子化は高齢化を一段と加速させる。また、日本人口の減少が二十一世紀初頭には確実にはじまると予測される。一般に少子化は、社会を弱体化させ、国を滅ぼすものと憂慮されている。われわれにとって経験したことのないこの変化は、たしかに大きな脅威である。少子化の功罪は、プラス、マイナス評価はさまざまに分かれるが、全体としては明らかにマイナス面が強調されている。しかしすでに、少子化を認めるか、それを否定してなんとか出生率を引き上げるべきか、どちらがよいかというような問題ではない。間もなく人口が減少に転じるのは確実なのだ。

人口の歴史をみると、現在起きている日本の人口変動も、異常な事態とはいえない。人類史上、人口が停滞する時代が何度か存在した。また人口減少は、ひとり日本のみならず、いくつかのヨーロッパ諸国でも予測されていることなのである。

私は現在進行している日本の出生率低下は、人口転換の最終局面を実現するプロセスではないかと考えている。出生率の低下によって間もなく始まる人口減少や著しい少子高齢化はわれわれにとって初めての経験である。しかしだからといって悲観することも、あわてて出生率の反転上昇を期待して資金や時間を投じることもない。

人口停滞を高度成長期以後の経済停滞や、豊かになった社会でいつまでも成熟しない若者の身勝手によるものと考えられることが多い。このような説明は半面はあたっていると言えそうである。なぜならば、歴史的に見て人口の停滞は成熟社会のもつ一面であることが明らかだからである。縄文時代後半、平安時代、江戸時代後半がそうであったように、人口停滞はそれぞれの文明システムが完成の域に達して、新しい制度や技術発展がないかぎり生産や人口の飛躍的な量的発展が困難になった時代に起きたのである。人口停滞は文明システムの成熟化にともなう現象であった。

もうひとつ重要なことは、文明システムの成熟にともなう人口停滞社会では、人口成長が止まるだけではない。新しい水準における人口学的均衡の背後で、新たな人口学的システムが成立した。江戸時代を例にとってみよう。現代日本で起きている人口学的な地殻変動は、（1）少子化、（2）長寿化、（3）晩婚化もしくは非婚化、（4）核家族化とその結果としての高齢者単独世帯の増加、そして（5）人口の都市集中である。このことはひるがえってみれば前近代の人口は、（1）多産、（2）短命、（3）早婚・皆婚、（4）三世代同居の直系家族（stem family household）、（5）農村社会であったことを物語っている。

たしかにこれらの人口学的特徴は、戦前、特に第一次大戦以前に強く見られた特徴である。それではこのような人口学的な伝統はどこまで遡れるのだろうか。われわれが伝統文化と考えているような事柄の多くは室町時代後半から江戸時代前期にかけて生まれ、定着したといわれている。第三章から第六章で詳しくのべたように、家族や人口行動における「伝統」も、どうやら十七世紀の成長と社会構造の大きな変化を経て、十八世紀に「伝統」として定着したと推測される。

すなわち、われわれが伝統と考えているような人口学的な特徴も、農業社会における市場経済の発展と生活水準の上昇に対応して生みだされた歴史的な産物であったということである。現代日本で起きている結婚の変化、少子化、高齢化、家族形態の変化も、一概に社会病理や社会問題としてみるのではなく、工業化をともなうひとつの文明システムが形成され、やがて成熟してきたことに随伴する現象であり、ここに近代日本の新しい人口学的システムが形成されつつあるとみるべきなのである。

少子社会への期待

現在も進行している少子化傾向が将来も続くかぎり、日本人口は減少し続けることは確実である。すでに一九九七年には六五歳以上の老年人口は一五歳未満の年少人口の規模をうわまわった。少子高齢化は労働人口を減少させて、反対に扶養される従属人口を増加させる。高齢者の医療や年金支給のために社会の負担を重くさせるとともに、購買力が減少したり、社会の活力が失われるなど、社会経済にとって負の側面が強調されることが多い。このような変化は、日本ではきわめて短期間に起きていて、そのぶん制度や意識の面で変化に追いつくことができず、当惑、混乱、困難が大きいことは事実である。しかしながら多かれ少なかれ、同様の人口学的変動は先進国に共通している。さらに少子化と高齢化は、人口増加率が低下している発展途上国でも二十一世紀の課題になることもたしかである。

したがってわれわれにとっての課題は、少子化高齢化をどのようにして防ぐか、ということではない。一九七四年の人口白書（『日本人口の動向』）は、日本の出生率を引き下げて、すみやかに人口が増えも減りもしない「静止人口」を達成すべきことを強く訴えている。おりからの世界的な人口爆発と各種資源の枯渇を予想するローマクラブに対するミドウズ（D. L. Medous）らの報告書（『成長の限界』）の刊行に加えて、一九七三年秋の第四次中東戦争に端を発するオイル・ショックの発生が、人類生存の危惧を現実視させることになったためである。四半世紀を経て、いよいよ日本人口がピークに達しようとしている現在、われわれがなすべきことは明確である。人口をどの程度の水準へと誘導するかということ、およびどのような成熟社会を構築するかということである。

一番大きな問題は、人口が減ることにあるのではない。四〇年以下と推計される江戸時代の人々の寿命（出生時平均余命）からみると、現在の日本人の寿命はその二倍以上である。人生五十年が国民的規模で達成されたのは、戦後間もない一九四七年であった。その年に生まれた人々二六八万人のうち、八〇％以上が無事に五十歳を超えている。生まれた子供のほとんどが還暦を迎え高齢者の仲間入りをすることができるようになった長寿社会の日本人は、江戸時代人とはまったく異なったライフ・サイクルと生態をもつ、別種の生物種に生まれ変わったといわなければならない。解決すべき問題は大きく、新しい価値観と社会システムの構築には時間がかかるであろう。しかしどの時代にも、苦心の末に文明システムの転換を実現してきたことを思い出すべきである。

日本は一億人以上の人口をもち、石油、天然ガス、石炭などのエネルギー、木材、鉄鉱などの資源はもとより、水産物、畜産物、穀類の多くを海外から輸入する経済大国である。高い生活水準と大きな生産力は限られた資源を大量に消費し、同時に大量の廃棄物資を生みだしている。その意味だけでも、人口減少は地球環境を維持し、持続可能な世界を構築するうえで、最大の貢献といえなくもない。しかしそれではあまりにも消極的である。少子化の比較文明学的検討から導きだせる日本の課題とは、つぎのようなものであろう。

第一は「簡素な豊かさ」の実現である。そのためにはエネルギーと資源を、地表で得られる再生可能な自然力（ソフト・エネルギー・パス）、生物（バイオ・マス）へと転換させなければならない。地下資源を枯渇させせず、人工的に生産された物質の地球環境への放出濃度を増やさないですむ、循環型社会を実現することによって、地殻から取り出した物質、人工物の量を増やさないことは、生物圏の循環と多様性を守ることにもつながる。さらに古典的ではあるが、節度という価値基準の尊重も忘れてはならない。必要以上の消費をせずに、効率的な資源利用を実現することによって、環境汚染を防ぐとともに、南北間の資源の公平な分配に寄与しうるであろう。

第二は少子化の受け入れと静止人口の実現である。一見、暗い印象を受けるかもしれないが、孫の世代にまで地球環境を破壊させずに手渡していくためには少子化の是認と生活様式の見直しがどうしても必要である。未来に可能性があると思えば、明るい話題ではないか。少子化は日本の最大の世界に対する貢献である。そのためには人口減少社会、超高齢化社会に適合したシステム、ライフ・スタイルの確立が必要とされる。

(イ) 人口減少に適合した社会に再構成するには、人口の再配置はさけて通れない。社会の再編成、地域の再統合が進められなければならない。

(ロ) 多様な社会構成員の共存を認める寛容性（バリアフリー）を高めることが必要である。経済規模の縮小が予想されるが、企業の統合、合併は異なる文化と体験を持った人々の円滑な関係構築を迫る。さらに労働力不足は「成人男性」のみを一人前の

「労働力」と考えることを認めない。性（女性）、年齢（高齢者）、障害（デイスアビリティ）、国籍・民族（外国人）の違いによるあらゆる差別をなくして、それぞれの立場で社会的貢献ができるように寛容な社会を形成しなければならない。

（ハ）長寿社会「人生八十年」への制度的対応と意識改革が必要である。だれもが、長い老後をもてるようになったにもかかわらず、年齢にふさわしい行動を求める固定観念は強い。年齢階梯制、強固な年齢集団意識を弛《ゆる》め、定年制についても一律のものではなく、個人の能力、体力、意欲、ライフ・スタイルに応じた雇用慣行が形成されることが望ましい。年齢に縛られない多様な人生の生き方を認めること、とくに老後期間の生き方について新しい考えが生まれなければならない。夫が引退したのちの老後期間（老親扶養期間）は現在では二十年近いが、大正期でさえ五年でしかなかったのである。

（ニ）家族についても、新しい形態を模索することになる。直系家族制は江戸システムが作り上げた歴史的産物であった。人生四十年で、親子二世代の夫婦が同居しても、その期間は十年足らずであった。長寿化した現在、この期間は三倍の二十七年である。小農経営に適合的な直系家族制は、土地に依存することなく、家庭外での勤務形態が一般的になった現在、かならずしも適合的とはいえず、しかも長くなった同居期間は家族間の軋轢《あつれき》を増幅させることになる。

世帯の形態に関連して、結婚と出生に関する変化も大きい。『結婚しないかもしれない症候群』（谷村志穂）はすでに「シングル体質」へと移りつつある。皆婚社会からシングル社会への変化は、江戸時代と違い、すべての人が同じようなライフ・コースを歩まなくなったことを意味する。結婚も、出産も、さまざまな形態があってよいのである。いわゆる「熟年離婚」のように、子供扶養期間終了後の期間が三十年にもなった現在、夫婦の役割とその関係も変化して当然、と考える人が増えてもおかしくはない。

第三に公私、または官民の役割を明確にすることが必要である。過去の文明史に照らせば、二十一世紀前半は新しい時代に適合的なシステムを模索する時期となるであろう。あらゆる可能性が試されなければならない。失敗もあるだろう。そのような場合に備えて、救済措置を準備する必要がある。法制度の整備、技術開発支援、社会的な基盤整備は官の役割である。そのうえで個人や民間組織は多様な挑戦を試みなくてはならない。あたらしいミレニアムへの航海をおそれずに、世界平和と地球環境の維持をはかりながら、ひとりひとりが豊かな生活をめざすという自覚した人生の設計こそ、われわれのなさなければならないことである。

学術文庫版あとがき

二十一世紀を目前にして、一つの文明の終焉《しゅうえん》を告げるかのように、日本の人口は増加の速度を緩め、まもなく減少に転じることが明らかになった。これは一体、何を意味するのだろうか。このような疑問から出発して、私は過去に目を向けてみることにした。そしてわかったことは、日本が人口停滞社会をむかえるのは、これが初めてではないということである。

縄文時代が始まってからこのかた、日本列島の人口は数千倍に膨れあがったが、人口は決して単調に増え続けたのではなく、増加と停滞、あるときには減少、を何度か繰り返しながら、大きな波を描くように変化してきた。そして人口の波動は例外なく、社会・経済の変動と深く結びついていたのである。人口革命がひき起こされるごとに、日本人のライフ・スタイルは一変した。

もう一つつけ加えるなら、全国人口が停滞した時代においても、地域人口の動向はきわめて多様だったし、少なくとも歴史時代には生活水準が極端に落ち込んだという証拠もなかった。

もっぱら現在利用できるデータが限られているという理由で、第一の波と第二の波については簡単に触れることしかできなかった。

本書の主要部分は、第三の波と第四の波、とくに十七〜十九世紀にあてられている。十八世紀の人口停滞社会の中味と、十七世紀、十九世紀の人口成長のメカニズムを解析することが中心課題となった。

本書は一九八三年にＰＨＰ研究所から刊行した『日本二千年の人口史』の改訂版である。序章に書いたように、本書で意図したのは、人口変動を文明システムとの関連において説明しようということであった。

文明という複雑で手強い対象の研究は、これまではおもに人類学者や歴史家の、しかも大家の仕事としてみられることが多かったようである。だから十七年前にこの本の原本を刊行したときには、おそるおそる、なるべく控えめに文明という概念を用いたのである。しかし現在は違う。その思想の評価は人によって分かれるにしても、ハンチントンによって二十一世紀問題群の動態的な解明のためには、文明概念の導入がなくてはならないものであることがひろく理解されるようになった。『文明の衝突』の衝撃である。そのような折り、ふたたび新しい装いで本書を刊行することにも意義はあるのではないかと考えた。

この間の歴史人口研究の発展は目覚ましいものがある。とくにイギリスのケンブリッジ・グループの研究成果は、歴史人口と家族史を基礎にした社会史研究双書になって公刊されているが、すでに二十冊以上にのぼっている。日本でも研究書、一般書を合わせて何冊もの本を書店で手にいれることができるようになった。

研究成果の一端を紹介すれば以下のとおりである。

（一）史料のデータベース化、コンピューターの本格的な利用と作業の機械化、自動化が大幅に進展した。

（二）その結果、マイクロ・シミュレーションや多変量解析の統計手法が導入された。

（三）イベントヒストリーに代表される新しい分析方法の利用が進んだ。

（四）まだ十分とはいえないが研究対象地域が拡大し、都市人口に関する研究も蓄積されてきた。

（五）宗門改帳以外の史料（懐妊書上帳、系図、過去帳、明治期の戸籍、地誌など）へと研究が拡大した。

（六）農村人口のみならず、武士、都市住民、漁村住民へと研究対象が拡大した。

その結果、前工業化期日本の人口について、次のような発見があった。

（一）西ヨーロッパとも、他の東アジアとも異なる「第三のパターン」が家族形成や出生行動において想定される。

（二）日本列島の人口学的様相はけっして均一ではない。少なくとも三地域以上の特徴をもった地帯に分けて考えなければならない。

（三）常識として一般に受け入れられてきた農民は貧困であったとする悲観説は後退し、許される範囲内であるとはいえ、出産や晩婚行動などに見られるように、合理的な判断によって生活水準が維持ないし向上したことがより明確になった。

残念ながらこれらの研究の成果について本書では詳しく触れることができなかった。けっして無視するわけではないが、長期的な展望に関するかぎり全面的な書き替えは必要ないと判断して、なるべく原形を尊重するかたちで刊行した。ただし次の四点について、大幅な改訂を施したことをお断りしておく。

（一）縄文、弥生時代の人口は、都道府県別の遺跡数にもとづいて小山修三により推計されたものであるが、奈良～江戸時代の地域区分に合わせるために、筆者の責任において再推計を試みた。
（二）奈良、平安時代の人口については、原著出版後に公表された新史料にもとづく鎌田元一の説を採用し、新しい推計を試みた。
（三）江戸時代については、過去二十年間に最も精力的に歴史人口学研究が進められた。本書では、できるだけ多く新しい成果を取り込むことをこころがけた。
（四）一九七〇年代中期に始まった少子化は、予想以上のスピードで進んだうえ、いまなお衰えを見せない。その背後には結婚と家族をめぐって、大きな変化が起きている。そのため、二十一世紀の日本の人口と社会に関する予測も大きく変わってきた。この間の事情をもう少し丁寧に論じるため、一章を追加した。

もとの本では百二十点以上の詳細な文献目録を付けておいた。新書版としては異常とも思われたが、これから歴史人口学を学ぼうとする方には多少なりとも役だったのではないかと自負している。しかし本書では文庫版という性格から、思い切って割愛することにした。歴史人口学の学術図書や入門書も多く刊行されているので、詳しくはそれぞれ必要に応じてあたっていただきたい。以下、一九八三年以降に刊行された日本語で読める主要な文献を紹介しておく（出版年順）。

二宮宏之・樺山紘一・福井憲彦（編）『家の歴史社会学』アナール論文選2、新評論（一九八三年）
成松佐恵子『近世東北農村の人びと』ミネルヴァ書房（一九八五年）
斎藤　修『プロト工業化の時代』日本評論社（一九八五年）
斎藤　修『商家の世界・裏店の世界』リブロポート（一九八七年）
速水　融『江戸の農民生活史――宗門改帳にみる濃尾の一農村』日本放送出版協会（一九八八年）
斎藤修編著『家族と人口の歴史社会学――ケンブリッジ・グループの成果』リブロポート（一九八八年）
速水　融『近世濃尾地方の人口・経済・社会』創文社（一九九二年）
成松佐恵子『江戸時代の東北農村――二本松藩仁井田村』同文舘出版（一九九二年）
ピエール・グベール『歴史人口学序説――一七・一八世紀ボーヴェ地方の人口動態構造』

（遅塚忠躬・藤田苑子訳）岩波書店（一九九二年）
ピーター・ラスレット『ヨーロッパの伝統的家族と世帯』（酒田利夫・奥田伸子訳）リブロポート（一九九二年）
藤田苑子『フランソワとマルグリット――一八世紀フランスの未婚の母と子どもたち』同文舘（一九九四年）
速水　融『歴史人口学の世界』岩波書店（一九九七年）

なお歴史人口学の入門的な案内を『AERA MOOK〔10〕歴史学がわかる』（一九九五年、朝日新聞社アエラ発行室）に、研究誌の概説を『人口学の現状とフロンティア――シリーズ・人口学研究6』（一九九五年、大明堂）に寄稿したので参照していただきたい。

一九八五年に歴史人口学東京セミナーを開催するにあたって、速水融慶應義塾大学教授（当時）の指示により、歴史人口学に関心のある研究者を百名ほど組織して歴史人口学研究会をつくった。しばらくは定期的に研究発表会を開催したが、いろいろな理由で現在は活動が中断されたままになっている。しかしユーラシア・プロジェクト（EAP）が速水さんによって組織され、一九九五年度から五年にわたり内外の研究者を集めて精力的な活動を行なってきた。実質的にこのプロジェクトが研究会を継承しているといってよい。今後はインターネットによる情報交換を中心に、新しい形で運営していくことを考えている。またＥＡＰの膨大な活動成果は近く公表されることになっているので期待していただきたい。

私もいつの間にか中堅とよばれる年齢になってしまった。ＥＡＰの活動を通じて、勉強家で冒険的な若手研究者たちからは多くのことを教わった。速水さんをはじめとするメンバー諸氏には厚く御礼申しあげたい。そして、今回、学術文庫への収録を勧めてくれた、同出版部の稲吉稔さんには感謝申しあげたい。

二〇〇〇年三月一八日

鬼頭　宏

本書は一九八三年、ＰＨＰ研究所より刊行された『日本二千年の人口史』を底本としました。

鬼頭　宏（きとう　ひろし）

1947年生まれ。慶應義塾大学大学院経済学研究科博士課程満期退学。現在，上智大学経済学部教授。専攻は日本経済史，歴史人口学。著書に『文明としての江戸システム』『環境先進国・江戸』，共著に『日本経済史２　近代成長の胎動』『人口学の現状とフロンティア』『地球人口100億の世紀』，主要論文に「江戸時代の米食」「徳川時代農村の乳児死亡」「近世農村における家族形態の周期的変化」など。

講談社学術文庫

定価はカバーに表示してあります。

人口《じんこう》から読《よ》む日本《にほん》の歴史《れきし》

鬼頭《きとう》　宏《ひろし》

2000年５月10日　第１刷発行
2013年２月12日　第29刷発行

発行者　鈴木　哲
発行所　株式会社講談社
東京都文京区音羽 2-12-21 〒112-8001
電話　編集部（03）5395-3512
販売部（03）5395-5817
業務部（03）5395-3615
装　幀　蟹江征治
印　刷　豊国印刷株式会社
製　本　株式会社国宝社

ISBN4-06-159430-3

「講談社学術文庫」の刊行に当たって

これは、学術をポケットに入れることをモットーとして生まれた文庫である。学術は少年の心を養い、成年の心を満たす。その学術がポケットにはいる形で、万人のものになることは、生涯教育をうたう現代の理想である。

こうした考え方は、学術を巨大な城のように見る世間の常識に反するかもしれない。また、一部の人たちからは、学術の権威をおとすものと非難されるかもしれない。しかし、それはいずれも学術の新しい在り方を解しないものといわざるをえない。

学術は、まず魔術への挑戦から始まった。やがて、いわゆる常識をつぎつぎに改めていった。学術の権威は、幾百年、幾千年にわたる、苦しい戦いの成果である。こうしてきずきあげられた城が、一見して近づきがたいものにうつるのは、そのためである。しかし、学術の権威を、その形の上だけで判断してはならない。その生成のあとをかえりみれば、その根は常に人々の生活の中にあった。学術が大きな力たりうるのはそのためであって、生活をはなれた学術は、どこにもない。

開かれた社会といわれる現代にとって、これはまったく自明である。生活と学術との間に、もし距離があるとすれば、何をおいてもこれを埋めねばならない。もしこの距離が形の上の迷信からきているとすれば、その迷信をうち破らねばならぬ。

学術文庫は、内外の迷信を打破し、学術のために新しい天地をひらく意図をもって生まれた。文庫という小さい形と、学術という壮大な城とが、完全に両立するためには、なおいくらかの時を必要とするであろう。しかし、学術をポケットにした社会が、人間の生活にとってより豊かな社会であることは、たしかである。そうした社会の実現のために、文庫の世界に新しいジャンルを加えることができれば幸いである。

一九七六年六月　　野間省一

歴史・地理

幕末日本探訪記　江戸と北京
R・フォーチュン著／三宅　馨訳（解説・白幡洋三郎）
世界的プラントハンターの幕末日本探訪記。英国生まれの著名な園芸学者が幕末の長崎、江戸、北京を訪問。珍しい植物や風俗を旺盛な好奇心で紹介し、桜田門外の変や生麦事件の見聞も詳細に記した貴重な書。
1308

モンゴルと大明帝国
愛宕《おたぎ》松男・寺田隆信著
征服王朝の元の出現と漢民族国家・明の盛衰。チンギス＝カーンによるモンゴル帝国建設とそれに続く元の中国支配から明の建国と滅亡までを論述。耶律楚材の改革、帝位簒奪者の永楽帝による遠征も興味深く説く。
1317

シュリーマン旅行記　清国・日本
H・シュリーマン著／石井和子訳
シュリーマンが見た興味尽きない幕末日本。世界的に知られるトロイア遺跡の発掘に先立つ世界旅行の途中で、日本を訪れたシュリーマン。執拗なまでの探究心と旺盛な情熱で幕末日本を活写した貴重な見聞記。
1325

朝鮮紀行　英国婦人の見た李朝末期
イザベラ・バード著／時岡敬子訳
百年まえの朝鮮の実情を忠実に伝える名紀行。英人女性イザベラ・バードによる四度にわたる朝鮮旅行の記録。国際情勢に翻弄される十九世紀末の朝鮮とその風土、伝統的文化、習俗等を活写。絵や写真も多数収録。
1340

東と西の語る日本の歴史
網野善彦著（解説・山折哲雄）
日本人は単一民族説にとらわれすぎていないか。日本列島の東と西に生きた人びとの生活や文化の差異が、歴史にどんな作用を及ぼしたかを根本から見直す網野史学の代表作。新たな視点で日本民族の歴史に迫る。
1343

英国外交官の見た幕末維新　リーズデイル卿回想録
A・B・ミットフォード著／長岡祥三訳
激動の時代を見たイギリス人の貴重な回想録。アーネスト・サトウと共に江戸の寺で生活をしながら、数々の事件を体験したイギリス公使館員の記録。徳川幕府崩壊の過程を見すえ、様々な要人と交った冒険の物語。
1349